GOOGLE

ADS

DALLA A

ALLA Z

Simone Sorbi

Head of Digital Marketing a Prodigitalmarketing.it

Consulente di strategie di marketing digitali per le piccole e medie imprese.

Mi piace lavorare con i numeri e le percentuali. Sono affascinato dal Digital Marketing, Copywriting e Data Analysis. Per definirmi, scelgo questa frase: "costantemente in apprendimento".

Titolo originale del libro: Google Ads dalla A alla Z

Autore: Simone Sorbi
Autopubblicato
Anno: 2023
Mese: Novembre

L'autore di questo testo non si assume nessuna responsabilità per le prestazioni di campagne Google Ads sviluppate seguendo le informazioni o strategie apprese con la lettura di questo testo, che ha l'unico scopo di presentare in forma semplificata, secondo il punto di vista dell'autore stesso, il complesso ecosistema della piattaforma di Google Ads.

Ogni informazione contenuta in questo testo ha il solo scopo d'informare ed educare.

Dove sono presenti esempi, gli stessi hanno il solo scopo di educare. I lettori non dovrebbero considerare solo ed esclusivamente quanto riportato in questo testo nel prendere le decisioni su impostazioni di campagne o strategie di marketing. Piuttosto, dovrebbero usare le informazioni come punto di partenza per intraprendere ulteriori ricerche e approfondimenti, per poter formare e solidificare proprie opinioni riguardo l'ecosistema Google Ads e cioè che ne è correlato.

Introduzione

"Google Ads Dalla A alla Z è una rivisitazione del libro già pubblicato nel febbraio 2022 Google Ads Spiegato Facile. Nella sua forma è identico al precedente. Solo alcuni cambi necessari sono stati apportati al corpo del testo, lasciando comunque informazioni tecniche valide, ma non più presenti nella piattaforma di Google Ads, le quali però vengono utilizzate con la stessa logica su altre piattaforme, almeno al momento in cui rivisito questo testo."

Questo libro ha avuto la sua prima manifestazione nella mia mente dopo una chiacchierata con un Google Ads Specialist, che gestiva campagne importanti e non sapeva la differenza tra "Chiamate dagli annunci" e "Chiamate da sito web". Si parla di tanto tempo fa.

Quel giorno ho pensato: "forse il problema non sta nel tentare d'impersonare qualcuno, o mostrare conoscenze che non si hanno (che può anche andare bene a livello di curriculum), ma è nello studio della materia! Non è per nulla semplice e tanto meno c'è un testo solido su cui poter studiare. Le persone devono vivere, fanno quel che possono, non è colpa loro, è che non c'è un testo chiaro su cui studiare, sennò lo avrebbero studiato…"

Chi sa e chi non sa, se messo alla prova, almeno su Google Ads, si vede subito.
E lo studio è difficile. E se non si riceve un corso direttamente da Google o da un trainer capace (che non sono i Guru dei Webinar "primalezionegratis-iscrivitialcorso-soldifacili!), orientarsi da soli, devo ammettere che risulterebbe abbastanza complesso.

E quindi, mosso da questo spirito solidale, mi sono messo a scrivere, per permettere a tutti quelli interessati al PPC e a Google Ads nello specifico, di avere accesso a un testo semplificato, per quanto folto d'informazioni, più comprensibile possibile e che faciliti la connessione logica tra il caos di link che si possono trovare online, definendo un percorso dalla A alla Z, senza salti galattici da un concetto a un altro.

Spero, nel mio piccolo, di elevare il livello di dialogo sul tema Google Ads, migliorando di rimbalzo la gestione delle campagne dei vari account, a beneficio di tutti.

Perché, in fondo, facendo una analogia: "più piloti esperti, meno incidenti in autostrada."

Nella lettura troverete poco catechismo e molta sostanza, perché lo scopo è quello. Il tono, lo stile, tenderà ad essere il più informale possibile.

Ho pensato di usare una scrittura amichevole, quasi colloquiale, per rendere i concetti semplici, di facile e più immediata comprensione. Non fate gli Hater di turno, mi raccomando. E se vi è piaciuto, lasciate una review al libro, per aiutare ad indirizzare l'acquisto consapevole di questo testo.

Poteva essere scritto in "avvocatese", mantenendosi, ovviamente, estremamente professionali, ma lo scopo che mi sono prefissato in queste pagine è far capire veramente la logica di Google Ads e spostare l'asticella delle capacità di uso medio del software una o un paio di tacche più in alto.

Ci sono pochissime immagini, perché il pannello di controllo di Google Ads è in continuo mutamento. Ma per sapere dove si trova qualcosa, nella maggioranza dei casi basterà digitare "dove si trova X dentro Google Ads?". Inoltre, leggendolo in formato ebook, troverete molti link di riferimento alle pagine del supporto di Google Ads dei vari termini utilizzati, sparsi qui e li, che possono aiutare a prendere confidenza con gli strumenti di approfondimento autonomo. Leggendolo in formato cartaceo, li troverete in ordine di apparizione, dopo l'ultimo capitolo.

Quindi, aspettatevi concetti e non indicazioni passo passo su "come creare la vostra prima campagna" o terminologie vuote, perché "vi faccio più svegli di così". La terminologia, quella appropriata, arriverà dopo, quando si entrerà nel lavoro collaborativo. La potrete apprendere dopo, quando passerete da amatori a professionisti. Meglio, prima di tutto, concentrarsi sul significato.

Se si usa un termine come "appartamento", ma non si comprende che quella parola significa "almeno un bagno con cucina e camera da letto" la potete chiamare anche villa con piscina e non farà nessuna differenza. L'etichetta che darete a quel qualcosa, se non capite "quel qualcosa" che cosa significa veramente, è e rimarrà un'etichetta vuota, un termine vuoto. Se trovate qualche termine che non vi è del tutto chiaro, che non ha un link, che non avete mai sentito, nessuno vi vieta di digitarlo su internet e approfondire per qualche minuto la ricerca del significato.

Ricordate quindi, è un testo di concetti, di logiche, di metodi di ragionamento.

Sicuramente non è un invito a buttarvi a capofitto nella creazione di campagne con la sicurezza di ottenere risultati. Inoltre, certe volte, alcuni concetti saranno più vicini a un punto di vista sull'argomento che a una legge scritta nella roccia. Vi invito ad approfondire tutto quello che troverete scritto, vista anche la materia dinamica e mutevole trattata.
Per concludere, rimanendo lo scopo di base di questo testo quello di "elevare il livello di dialogo sul tema Google Ads", spero che tutto quello che troverete vi possa aiutare a iniziare o ad approfondire il percorso per una piena consapevolezza nell'uso del software. Il tutto perché è il futuro, vi può dare lavoro, vi può far guadagnare o risparmiare soldi, se lo sapete usare bene, e altre dinamiche che si evolvono e creano, semplicemente lavorando in questo settore. Inoltre, ripeto, meno errori si fanno e migliore sarà l'ecosistema di Google Ads, per tutti. Non fate diventare Google Ads una fonte di stress. Divertitevi e sperimentate con cognizione di causa.

Prima d'iniziare vi consiglio di salvarvi questo link:

https://support.google.com/google-ads/announcements/9048695,
dove vengono riportati tutti gli aggiornamenti su Google Ads.

Altro link utile by Google, che mi sento di suggerire è
https://www.thinkwithgoogle.com/

Inoltre, consiglierei di aprire un account Google Ads in modalità Esperto. Impostatelo, per averlo sempre a portata di mano durante lo studio. Trovate il link qui https://support.google.com/google-ads/answer/9520605

Qualsiasi domanda, feedback, commento, richiesta, cercherò di rispondere a tutti. Potete scrivere alla seguente email:
help@googleadsspiegatofacile.com

Vi auguro buona lettura, buono studio e buon divertimento.

Simone Sorbi

Capitolo 1

Che Cosa è Google Ads

Google Ads è la piattaforma messa a disposizione da Google per poter creare campagne pubblicitarie e raggiungere potenziali clienti quando sono online, all'interno dell'universo Google & Partner di Google. Nel capitolo definiamo la logica del come il sistema Google Ads ragiona nello scegliere quale annuncio pubblicitario mostrare sullo schermo di un potenziale cliente. Comprendere questa logica è fondamentale per qualsiasi altro ragionamento sul sistema Google Ads.

1.1 La struttura di un account di Google Ads

Per poter utilizzare Google Ads bisogna creare un account. L'account di Google Ads può ricordare una matriosca. Ci sono 3 livelli di base:

- Account
- Campagne

- Gruppo di annunci

Brevemente: l'account contiene il log-in e i dati di fatturazione. Al suo interno troviamo le campagne, che contengono i gruppi di annunci. I gruppi di annunci contengono a loro volta gli annunci pubblicitari, le parole chiave e altri metodi di targeting.

Un passo per volta, inseguendo la logica di base del sistema Google Ads, affronteremo tutti questi livelli e i dettagli che sono al loro interno.

1.2 Come funziona Google Ads

La piattaforma di Google Ads ha uno spazio molto vasto a disposizione per far apparire la nostra pubblicità durante la navigazione di un potenziale cliente.
Tutte le piattaforme online di proprietà di Google e un network di siti partner altrettanto grande, per farla breve.

Nonostante la vastità dello spazio a disposizione, la nostra pubblicità è quasi sempre in competizione con un altro inserzionista, nostro "competitor", che lotta per lo stesso spazio, per la stessa "impressione" (la visualizzazione della nostra pubblicità sullo schermo), nello stesso momento. Il sistema Google Ads deve decidere chi tra centinaia d'inserzionisti può mostrare la pubblicità in una determinata posizione in un determinato momento.

Partiamo da questa logica di base: "Google vuole mostrare gli annunci più pertinenti per fare contento il potenziale cliente che cliccherà su qualcosa che effettivamente sarà utile per lui, cosi avrà un'esperienza su Google ottima e continuerà a cercare su Google. Allo stesso tempo vuole che l'inserzionista che fa pubblicità riceva qualità dal clic che paga, in modo che l'inserzionista continuerà a spendere i suoi soldi su Google Ads perché ne trae profitto".

Per fare questo e mostrare la pubblicità migliore nello spazio migliore, Google ha predisposto una gara denominata "asta". L'asta è composta da una formula matematica che non prende in considerazione solo il miglior offerente, ma introduce all'interno del calcolo che determina chi può posizionarsi nello spazio pubblicitario migliore, altri tre elementi: il "punteggio di qualità" (rispetto alla ricerca effettuata dal potenziale cliente) + la struttura dell'annuncio e una "soglia di ranking".

Al termine della formula matematica, che vedremo più avanti, viene assegnato un "ranking". Se il ranking supera la "soglia di ranking" stabilita, allora l'annuncio potrebbe ottenere un'impressione sul video del potenziale cliente e quindi un potenziale clic.

Accenno

Breve accenno ai metodi con i quali si partecipa a un'asta. Li riprenderemo più avanti in maniera approfondita.

La pubblicità in Google Ads ha quattro modi per andare in target sui potenziali clienti:

1. *Noi scegliamo delle **parole chiave nel sistema Google Ads** e se un potenziale cliente cerca qualcosa che attiva una parola chiave da noi scelta, il sistema Google Ads partecipa all'asta per mostrare la nostra pubblicità.*
2. *Noi scegliamo dei **segmenti di pubblico** ai quali un potenziale cliente è assegnato automaticamente da Google, con gusti ed esigenze particolari. Se il nostro potenziale cliente fa parte di uno di questi gruppi, partecipiamo all'asta per mostrargli la*

pubblicità durante la sua navigazione (in maniera passiva).

3. *Noi chiediamo di partecipare a un'asta e mostrare la nostra pubblicità su determinati canali che parlano di determinati* **argomenti** *quando un potenziale cliente li visita. Se il potenziale cliente è su un argomento che abbiamo scelto, il nostro annuncio partecipa a un'asta.*

4. *Noi scegliamo esattamente su quali siti internet o canali YouTube o App vogliamo* **posizionare** *la nostra pubblicità e partecipare a un'asta per farla vedere a un potenziale cliente.*

Il concetto di "asta" in brevissimo

Il concetto di "asta"in Google Ads è il seguente: il miglior offerente non sempre vince la posizione migliore e non sempre ottiene la possibilità di partecipare all'assegnazione della posizione.

Il costo per clic che siamo disposti a pagare nel caso si dovesse ricevere un clic sul nostro annuncio viene indicato come "cpc", ovvero "costo per clic". Equivale, a livello di logica, all'offerta che facciamo in fase di asta. Ma il cpc che siamo disposti a pagare non sempre equivale a quanto alla fine pagheremo un eventuale clic. Normalmente il "costo per clic effettivo" è più basso di quanto offerto in partenza. Per calcolare il costo per clic effettivo e in quale posizione l'annuncio apparirà sullo schermo, bisogna comprendere come funziona la formula matematica alla base dell'asta di Google Ads.

1.3 La formula del Ranking

La formula matematica per calcolare quanto costerà il nostro click e in quale posizione la nostra pubblicità verrà posizionata rispetto gli altri inserzionisti è la seguente: (cpc massimo X qualità) + struttura annuncio = ranking

Questa formula serve per ottenere il punteggio del "ranking" che permette di ottenere un posto (oppure no, perché non si è superato il punteggio della soglia ranking) in una graduatoria con gli altri inserzionisti e, successivamente, posizionarci o meno sullo schermo del potenziale cliente in una determinata posizione a un determinato costo per clic.

In questa asta che il sistema Google Ads crea, il costo del nostro clic effettivo è influenzato dal ranking finale che otteniamo e dal ranking finale che ottiene l'inserzionista che si piazza in graduatoria subito dopo di noi (noi possiamo arrivare terzi in graduatoria e chi arriverà quarto in graduatoria ci influenzerà).

Importante sottolineare che qualsivoglia cifra che siamo disposti a pagare per cpc non garantisce mai che ci si posizioni al primo posto, neanche potendosi permettere 100€ per clic.

Ovviamente però, guardando la formula matematica per il calcolo del ranking, più è alta la nostra disponibilità per il cpc, più il nostro ranking può ottenere un punteggio migliore, ma se il nostro per mostrare la nostra pubblicità al pubblico, la pubblicità, non è questione di soldi, non verrà mostrata.

Allo stesso tempo se si è in graduatoria come secondo con un ranking più basso di chi è in graduatoria in prima posizione, potrebbe accadere di pagare un clic effettivo più alto di chi è in prima posizione.

Perché succede?

Perché il costo per clic effettivo, per renderla semplice, alla fine del calcolo del ranking e del posizionamento in graduatoria, sarà uguale al minimo cpc sindacale da pagare per ottenere un punteggio matematico di ranking appena superiore al ranking ottenuto dall'inserzionista che ci precede, in questo caso l'inserzionista in terza posizione.

Seguitemi, più avanti c'è una metafora che spero vi possa risolvere ogni dubbio.

Guardiamo questo esempio molto semplificato, con un ranking soglia minimo pari a 26 (inventato, a titolo di esempio).

"Ranking Soglia = 26":

rzionista	CPC massimo	Qualità	Forma dell'annuncio	Ranking	Posizione
	4€	1	Bassa	6	insuff.
	4€	5	Alta	29	2
	3€	10	Media	37	1
	7€	4	No Estensioni	28	3

Con in mente questa tabella esempio, spero di far capire meglio il concetto con questa metafora che segue.

Ammettiamo che in un mondo fantastico si possa entrare in un locale fantastico solo se si è alti minimo

1.80 cm (ranking soglia). Il locale fantastico è talmente esclusivo che si può entrare in un numero limitato e si entra in ordine di altezza fino a esaurimento posti, ma minimo si deve essere alti 1.80 cm. Le feste organizzate da questo locale fantastico sono tante ogni giorno, dipende dal tema della festa (i metodi di targeting: parola chiave, segmenti di pubblico, argomenti, posizionamenti).

Ammettiamo che in questo mondo fantastico non ci sia nessuno alto 1.80 cm.
Tutta la popolazione è più bassa (qualità).

Tutta la popolazione, inoltre, non sa esattamente quanto sia la soglia minima di altezza (ranking soglia) per entrare nel locale fantastico, ma sa per certo che la propria altezza (qualità) da sola non basta (qualcuno che prova ad andare solo con la sua altezza c'è sempre, ma non entra mai).

In questo mondo fantastico, guarda caso, è possibile con dei soldi (cpc massimo, offerta per l'asta) aumentare la propria altezza per tentare di superare la soglia minima di altezza richiesta (ranking soglia).

Quindi la popolazione che vuole provare ad entrare alla festa a tema, organizzata dal locale fantastico del mondo fantastico, si raduna davanti al locale (inserzionisti).

Davanti al locale fantastico c'è un buttafuori fantastico (Google Ads). Tutta la popolazione gli invia la propria offerta (cpc massimo per il calcolo del ranking), insieme a quanto sono alti (qualità) e in più una foto di come sono vestiti (formato annuncio) per entrare nel locale fantastico e partecipare alla festa.

Il buttafuori fantastico (Goole Ads) analizza tutte le scommesse fatte dalla popolazione interessata a entrare alla festa fantastica (calcolo del ranking) e taglia fuori tutti quelli che non hanno raggiunto l'altezza di 1.80 cm (ranking soglia). Poi sceglie i partecipanti partendo da quello con l'altezza più alta (ranking più alto), fino a esaurimento posti e li fa entrare nel locale fantastico.

Poi, a porte chiuse, il buttafuori (Goole Ads) restituisce i soldi che secondo lui sono stati pagati in eccesso da tutti i partecipanti della festa fantastica (calcolo del cpc effettivo, quello che si paga realmente, che non è il cpc massimo che siamo disposti a pagare), seguendo una tradizione millenaria la quale impone inoltre di partire dalla prima persona entrata alla festa fantastica e di parlare con tutti i partecipanti fino all'ultimo entrato seguendo un preciso ragionamento.

Il buttafuori fantastico spiega così al primo entrato: "questi sono i soldi che mi hai dato all'inizio (prima posizione del ranking) e la tua altezza risulta essere di 1.88 cm. Sei entrato per primo, ma saresti entrato per primo anche se fossi stato alto 1.86 cm, perché quello che è entrato dopo di te (seconda posizione del ranking) risulta essere alto 1.86 cm. Quindi, rispettando la matematica (cpc massimo X qualità + formato annuncio) ti devo restituire questi soldi, perché ci sono due cm di differenza che stai pagando in più: se avessi offerto questa cifra fin da subito, comunque (calcolo del ranking) il primo a entrare a questa festa fantastica saresti stato tu. Io sono onesto e ti restituisco la differenza.

Il buttafuori fantastico, fatto questo discorso alla prima persona entrata alla festa fantastica, si dirige verso la seconda persona entrata alla festa fantastica e gli rifà lo stesso discorso: "questi sono i soldi che mi hai dato (seconda posizione del ranking), e la tua altezza risulta essere 1.86 cm. Sei entrato per secondo, ma saresti entrato per secondo anche se fossi stato alto 1.83 cm, perché quello che è entrato dopo di te (terza posizione del ranking) risulta essere alto 1.83 cm. Quindi, rispettando la matematica (cpc massimo X qualità + formato annuncio), ti devo restituire questi soldi, perché ci sono tre cm di differenza che stai pagando in più: se avessi offerto questa cifra fin da subito, comunque (calcolo del ranking) il secondo a entrare a questa festa fantastica saresti stato tu. Io sono onesto e ti restituisco la differenza".

Questa breve storia, significa che il calcolo del ranking, alla fine fa pagare il minimo indispensabile per trovarsi nella posizione che stiamo occupando, restituendo il surplus di ranking inutilizzato.

La provo a semplificare ancora di più con un calcolo matematico, adesso che avete letto questa storia.

La prima posizione è (3€*10)+7=37
La seconda posizione è (4€*5)+9=29
La terza posizione è (7€*4)+0=28

Ranking soglia= 26

Quindi la prima posizione ha ottenuto 37, ma gli sarebbe bastato 29 per entrare in prima posizione, il che significa che 3€, che sono gli € dell'offerta per partecipare all'asta, potrebbero diventare 2.2€, e infatti lo diventano nella logica di Google Ads.

(2.2€*10)+7=29 quindi, il cpc effettivo che si pagherà in questo caso sarà non 3€, ma 2,2€, perchè il ranking del nostro competitor che ci precede è 29, quindi a noi basta raggiungere 29

Nella realtà sarà leggermente diverso: per far si che si stia effettivamente sopra il secondo classificato viene aggiunto un 0,01 centesimo dal minimo sindacale. Ma è un dettaglio che nel complesso non ha senso specificare. Fate finta di non averlo letto se vi confonde le idee, non è fondamentale.

Notare bene *che* <u>*non è il cpc effettivo più alto che occupa la prima posizione (ovvero il cpc che sta pagando realmente di più, ad asta terminata)*</u>*, ma quello che nel complesso ha ottenuto il ranking migliore.*

Quale è la realtà?

Torniamo adesso alla realtà. La realtà è che la seconda posizione può pagare anche molto di più della prima posizione: tutto dipende dalla qualità che offrite in fase di valutazione e dalla differenza di ranking che divide voi da quello che viene subito dopo di voi.

1.4 La qualità e il formato dell'annuncio

Compreso il concetto di asta e il concetto di ranking (almeno spero), si capisce anche quanto sia importante che tutte le persone che partecipano all'asta siano in grado di utilizzare Google Ads, poiché l'errore di un qualcuno può influenzare il costo effettivo del clic che si andrà a pagare: più esisteranno "piloti di formula uno" competenti, più la gara sarà sicura e senza incidenti.

Ma prima di passare al capitolo successivo, nel calcolo del ranking c'è un importante moltiplicatore, che è meno intuitivo della semplice offerta del cpc e ha una grande importanza: la qualità.

La qualità influenza in maniera importante (essendo un moltiplicatore) il risultato della formula matematica del calcolo del ranking, che influenza a sua volta il costo per clic effettivo.

"La qualità o punteggio di qualità" dipende da 3 fattori:

- CTR che Google si aspetta di ricevere sul nostro annuncio pubblicitario
- Esperienza del potenziale cliente sul nostro sito internet
- Pertinenza tra la parola chiave/metodo di targeting, l'intenzione di ricerca del potenziale cliente e l'annuncio stesso.

1.4.1 CTR

Il CTR matematicamente si calcola dividendo i clic ricevuti con le impressioni totali (clic/impressioni) e in mancanza di dati storici viene assegnato automaticamente. Non è un qualcosa che possiamo controllare. Impatta orientativamente più del 50% il punteggio di qualità.

1.4.2 Esperienza sul sito internet

L'esperienza sul sito internet dipende dalla "frequenza di rimbalzo", dalla facilità di navigazione, permanenza del potenziale cliente, pertinenza delle informazioni che contiene rispetto al termine di ricerca cercato dal potenziale cliente, azioni compiute sul sito ecc...

Questa mini variabile può sempre essere migliorata. Si possono puntare gli annunci su una pagina di atterraggio il più pertinente possibile, migliorando la pagina di atterraggio stessa secondo i migliori criteri Seo e di usabilità dei siti internet.

1.4.3 Pertinenza

La pertinenza tra la parole chiave/metodo di targeting, l'intenzione di ricerca del potenziale cliente e l'annuncio stesso, si può semplificare così: se all'interno dell'annuncio e della sua descrizione si inserisce la parola chiave che ha partecipato all'asta, si aumenta la percentuale di pertinenza tra parola chiave, l'intenzione di ricerca del potenziale cliente e l'annuncio stesso. Anche questo è qualcosa che possiamo controllare.

CAPITOLO 2

Possiamo passare adesso ai muscoli che compongono il corpo del sistema Google Ads, i quali sostengono e avviano il processo dell'asta visto nel precedente capitolo: le reti su cui si muovono le campagne e i diversi tipi di targeting del potenziale cliente.

2.1 Le Reti su cui si muovono le campagne

Le campagne del sistema Google Ads si possono suddividere in due macro tipi: campagne che si muovono sulla rete di ricerca e campagne che si muovono sulla rete display.

Queste due reti hanno una principale differenza quando si tratta di presentare un annuncio pubblicitario: la modalità di targeting del potenziale cliente.

Lo scopo finale delle campagne rimane lo stesso: mostrare un annuncio pubblicitario a un potenziale cliente.

2.1.1 La rete di ricerca

La rete di ricerca si basa sull'intercettare la richiesta di un potenziale cliente nel mentre che la sta effettuando.

Esempio

Il potenziale cliente sta cercando "in quel preciso istante" qualcosa e "in quel preciso istante" la nostra pubblicità, in linea con la ricerca effettuata dal potenziale cliente (denominato termine di ricerca) e le impostazioni che abbiamo nella campagna, si mostra sullo schermo, principalmente in formato solo testo o accompagnato da immagini.

Questa è la caratteristica principale della rete di ricerca dove girano le campagne che rientrano nella categoria della logica "di ricerca", che vedremo più avanti.

2.1.2 La rete display

La rete display si dedica a mostrare la pubblicità senza avere un termine di ricerca "istantaneo" che attiva la pubblicità, ma insegue passivamente il potenziale cliente basandosi sui suoi comportamenti online (che comunque comprendono un termine di ricerca) passati o presenti.

Esempio

Il potenziale cliente sta navigando in internet "per i fatti suoi". Mentre naviga, Google sta profilando il suo navigare online, inquadrandolo in una categoria di comportamenti e abitudini specifiche, verificando istante per istante in quali siti internet, app o video si trova. Se il potenziale cliente fa parte di almeno uno dei comportamenti online specificati nelle impostazioni di targeting di una nostra campagna, la nostra pubblicità si mostrerebbe sullo schermo del cliente in diversi formati incrociati fra loro: testo, immagine, video.

Questa è la rete display, dove girano le campagne che rientrano nella categoria della logica "display", che vedremo più avanti.

Mini Recap

Ricapitolando in maniera molto sintetica e semplificata le due logiche:

1. Logica rete di ricerca, istantanea: intercettare la richiesta del potenziale cliente nel mentre che il potenziale cliente è attivamente ingaggiato nella ricerca di quello che offriamo.
2. Logica rete display, passiva: intercettare il potenziale cliente poiché online ha un determinato tipo di comportamento, mostrando, durante la sua navigazione in internet, la nostra pubblicità, perché si trova in un certo contesto o perché fa parte di un certo tipo di pubblico.

Fatte queste premesse, vediamo nello specifico la logica di base su cui si fondano le due macro tipologie di campagne per andare in target sul potenziale cliente.

2.2 La parola chiave: la base di ogni campagna della rete di ricerca

Le campagne della rete di ricerca si basano sulle famose parole chiave, che vengono attivate da un termine di ricerca utilizzato dal potenziale cliente per cercare qualcosa in internet.

Semplicemente, nella barra di ricerca di Google si scrive qualcosa o si chiede a Google qualcosa (termine di ricerca). Se una nostra parola chiave è impostata per attivarsi quando quel termine di ricerca viene cercato, la nostra parola chiave inizia tutto il processo di asta e ranking visto prima.

In base alla "potenza magnetica" che scegliamo di dare alle nostre parole chiave, le nostre parole chiave possono attirare moltissimi, alcuni o pochissimi termini di ricerca.

Per semplificare: la somiglianza tra la ricerca del potenziale cliente (termine di ricerca) e la parola chiave da noi scelta può essere molto distante o praticamente uguale. Importante è sottolineare il fatto che non dobbiamo preoccuparci di errori ortografici, o d'inserire ogni singolare e plurale di un termine, perché il sistema Google Ads "aggiusta" automaticamente il tiro, riconoscendo un errore ortografico fatto dal potenziale cliente e "amichevolmente" assecondare un singolare su una ricerca al plurale e viceversa.

Formalmente e graficamente, prendendo come esempio la parola chiave **pizza diavola**, le opzioni di corrispondenza della parola chiave (formalmente denominata in questo modo) sono tre:

GENERICA: pizza diavola

- Graficamente non ha nessun segno che la racchiude e ha una "potenza magnetica" forte. L'annuncio si attiva quando almeno una delle parole chiave è contenuta nel temine di ricerca. Il termine di ricerca può anche contenere zero parole chiave, ma essere "vicina" in termini di significato della ricerca del potenziale cliente, tanto da poter risultare, secondo il sistema Google Ads, rilevante per chi vedrà l'annuncio. Una specie di licenza poetica. Fate attenzione.

A FRASE: "pizza diavola"

- Graficamente è racchiusa tra virgolette e ha una "potenza magnetica" moderata. La parola chiave si attiva anche quando altre parole, prima e dopo l'unità racchiusa tra virgolette, sono presenti (la **migliore** "pizza diavola" /

come la "pizza diavola" **mi ha conquistato**), ma il termine di ricerca del potenziale cliente deve contenere la sequenza delle parole chiave racchiuse tra virgolette, in quella sequenza o con differenza dalla sequenza. Può discostarsi leggermente dalla parola chiave per quanto riguarda il significato del termine di ricerca.

ESATTA: **[pizza diavola]**

- Graficamente è racchiusa tra parentesi quadre e ha una "potenza magnetica" bassa. La parola chiave si attiva solo quando il termine di ricerca del potenziale cliente è lo stesso della parola chiave racchiusa tra parentesi quadre **e non ci sono altri termini a fare da contorno**. La sequenza delle parole chiave può variare all'interno dell'unità (invertirsi) e sono ammessi scostamenti minimi, legati al significato.

Per visualizzare e comprendere il concetto, non ci sono migliori esempi di quelli che sono sulla pagina del supporto di Google Ads, visionabile per intero al link https://support.google.com/google-ads/answer/7478529. Riporto qui in modo conciso.

Non mi sostituisco alla pagina, perché è tra le poche
dove i concetti sono spiegati "a misura di uomo".

Esempi

- Corrispondenza **GENERICA**:

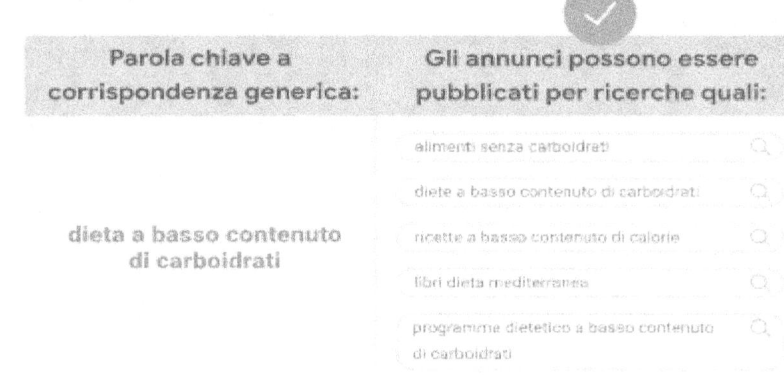

(Figura 2.1)

- Corrispondenza **A FRASE**:

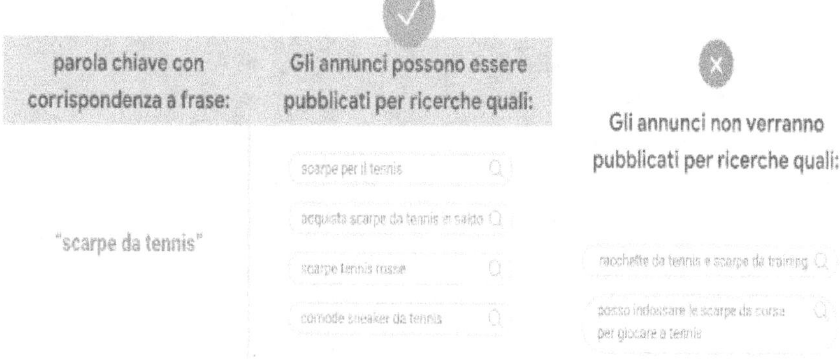

(Figura 2.2)

- Corrispondenza **ESATTA**:

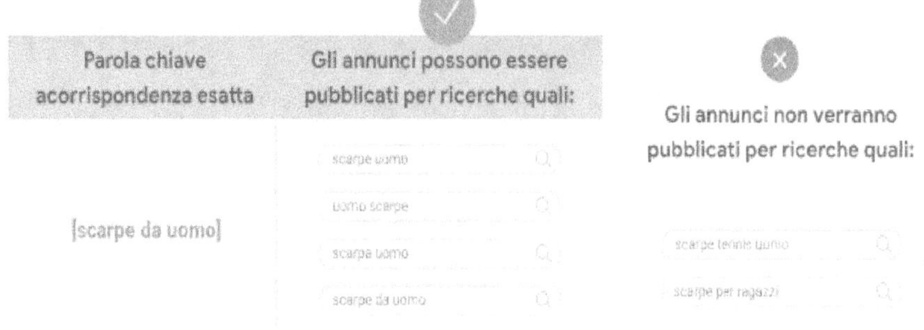

(Figura 2.3)

Una volta compreso il "potere magnetico" che hanno le parole chiave nei confronti dei termini di ricerca, vanno poi organizzate all'interno della campagna, seguendo una logica studiata a tavolino per ottenere il massimo dell'efficienza e dell'efficacia, ricordando sempre come viene calcolato il ranking in fase di asta.
Meglio saranno impostate, meglio sarà utilizzato il budget che si ha a disposizione.

Fatta la presentazione dell'unità base di Google Ads, importantissimo è comprendere anche questo concetto che segue, parallelo alle parole chiave, ma

importante quasi in misura uguale: le parole chiave esistono in una loro versione negativa.
Le parole chiave negative!

2.2.1 Le parole chiave negative, a corrispondenza inversa o più semplicemente escluse

Le parole chiave negative o a corrispondenza inversa, comunemente chiamate parole chiave escluse, possono e devono essere utilizzate per raffinare il magnetismo delle parole chiave "positive" che usiamo, al fine di raggiungere una precisione quasi chirurgica nel "non attivare" la parola chiave quando un termine di ricerca "è in presenza di una parola chiave esclusa".

La parola chiave negativa dice al sistema di Google Ads di "non attivare nulla, quando un termine di ricerca contiene la parola chiave negativa". La forma grafica delle parole chiave negative è la stessa delle parole chiave positive viste prima, ma il loro funzionamento cambia.

Si passa da una "potenza magnetica" a una "potenza di repulsione". In più, se ci sono delle varianti, plurali, singolari, maschili, femminili, errori ortografici, vanno aggiunte: la parola chiave negativa fa esattamente quello che gli diciamo e il sistema Google Ads non respingerà termini di ricerca se non gli sono stati specificati con precisione.

Un singolare o un plurale, nel mondo delle parole chiave negative, sono due parole distinte, due richieste completamente diverse da parte del potenziale cliente. ***Vanno aggiunte tutte le possibili varianti.***

Vediamo come funzionano.

Negativa GENERICA: pizza diavola

- Graficamente non ha nessun segno che la racchiude e ha una "forza repellente" molto forte.

L'annuncio non viene mostrato se il termine di ricerca contiene <u>tutte le parole chiave esattamente come scritte</u>, <u>in qualsiasi ordine si presentino, in presenza o meno di altre parole aggiuntive da noi non indicate</u>. Lo ripeto: se ci sono delle varianti, vanno aggiunte anche quelle. Il sistema in questo caso non si prende la briga di aggiungere le varianti al posto nostro.

Esempio

Parola chiave a corrispondenza generica inversa: **scarpe da corsa**

Ricerca	L'annuncio sarà pubblicato?
scarpe da tennis blu	✓
scarpa da corsa	✓
scarpe da corsa blu	✗
corsa scarpe	✗
scarpe da corsa	✗

(Figura 2.4)

Negativa A FRASE: "pizza diavola"

- Graficamente è racchiusa tra virgolette e ha una "forza repellente" moderata

L'annuncio non viene mostrato se il termine di ricerca contiene <u>tutte parole **esattamente come scritte**, nell'esatto ordine di come sono scritte, con l'opzione che prima e dopo la parola chiave indicata possono esserci altre parole aggiuntive da noi non indicate.</u> Lo ripeto: **se ci sono delle varianti**, vanno aggiunte anche quelle. Il sistema in questo caso non si prende la briga di aggiungere le varianti (singolare/plurale, per fare un esempio) al posto nostro.

Ricerca	L'annuncio sarà pubblicato?
scarpe da tennis blu	✓
scarpa da corsa	✓
scarpe da corsa blu	✗
corsa scarpe	✓
scarpe da corsa	✗

(Figura 2.5)

ESATTA Negativa: [pizza diavola]
(graficamente è racchiusa tra parentesi quadre e ha una "forza repellente" bassa)

L'annuncio non viene mostrato "se e solo se" il termine di ricerca contiene <u>tutte le parole da noi indicate **esattamente come scritte**, nell'esatto ordine di come sono scritte. Nessuna altra parola chiave deve essere presente nel termine di ricerca, né prima né dopo, né in mezzo.</u> Lo ripeto: se ci sono delle varianti, vanno aggiunte anche quelle. Il sistema in questo caso non si prende la briga di aggiungere le varianti al posto nostro.

Ricerca	L'annuncio sarà pubblicato?
scarpe da tennis blu	✓
scarpa da corsa	✓
scarpe da corsa blu	✓
corsa scarpe	✓
scarpe da corsa	✗

(Figura 2.6)

2.2.2 Come si organizzano le parole chiave?

Una volta compreso il funzionamento logico del magnetismo e repulsione delle parole chiave, per creare un gruppo di parole chiave che abbia senso, da inserire in uno specifico gruppo di annunci con annunci ben scritti e pronti per essere mostrati e cliccati, bisogna usare un po' di logica.

Per affrontare il ragionamento dobbiamo incastrare e tenere in considerazione alcune variabili.

Se teniamo a mente la formula matematica per il calcolo del ranking e ricordiamo che la qualità influenza il ranking, allora, per costruire un buon gruppo di parole chiave verrà naturale ragionare sulla qualità. Vero?

Da cosa è influenzata la qualità? La qualità è influenzata dall'esperienza del potenziale cliente e aderenza della parola chiave sulla pagina di destinazione rispetto al termine di ricerca usato ed è connessa con gli annunci pubblicitari che verranno cliccati e, in maggior parte, viene influenzata dal suo CTR storico o ipotizzato dal sistema Google Ads.

Quindi, se vogliamo avere un controllo alto sulla qualità, comprendendo che possiamo usare una sola pagina di atterraggio per gruppo di annunci, dobbiamo raggruppare poche e simili parole chiave in un unico gruppo di annunci. Poche, ma buone.

Molto semplicemente, se si vendono "pere" e "mele", non è consigliabile inserire nello stesso gruppo di annunci parole chiave come "pere bio" e "mele bio" se la pagina di atterraggio è dedicata solo alle mele bio: sarebbe un disastro per la qualità di "pere", che nel tempo accumulerà una esperienza negativa sulla pagina di atterraggio ecc.. ecc..

Il consiglio è di separare le "pere" dalle "mele". Quindi fare un gruppo di annunci di parole chiave dal campo semantico "pere" e un gruppo di annunci di parole chiave dal campo semantico "mele" e così via.

In questo modo quando qualcuno cercherà "pere" come termine di ricerca, la parola chiave che verrà scelta sarà attinente a "pere", l'annuncio che verrà scelto conterrà "pere" nel testo e la pagina di atterraggio sarà pertinente a "pere", aumentando la qualità.

Migliore esperienza del potenziale cliente che avrà una familiarità maggiore con l'annuncio che apparirà, cliccherà di più aumentando il CTR storico, rimarrà di più sulla pagina di atterraggio e forse comprerà.

Vantaggio di tutto questo in un lampo: aumento della qualità e quindi abbassamento del costo per clic effettivo, poiché a parità di cpc massimo, il moltiplicatore qualità sarà più alto, quindi la possibilità di ottenere un ranking migliore aumenterà senza dover aumentare il cpc massimo.

Ricordate d'inserire nel gruppo di annunci anche le parole chiave negative, per una impostazione da raggio laser!

2.3 La base di ogni campagna della rete display: il targeting

Le campagne della rete display, invece, si basano su diverse tipologie di targeting del pubblico. "Tutta la baracca" si regge sempre sui termini di ricerca usati dal potenziale cliente, ma non per intercettarlo nel mentre che li usa, ma per identificarlo e catalogarlo in una categoria, nel suo passato online o nel presente.

2.3.1 I segmenti di pubblico: il passato online

Quando si tratta del passato online, Google Ads, per farla breve, sa chi siamo, cosa ci interessa, tendenzialmente quali sono le nostre passioni e i nostri bisogni, cosa stiamo pianificando o che cosa sta succedendo nella nostra vita ecc..., perché lo abbiamo cercato online, abbiamo fatto un'iscrizione con nome e cognome e data di nascita, abbiamo un account Gmail, per esempio. In base a queste informazioni e tante altre, ci identifica come utenti con usi e costumi.

Una volta identificati, entriamo a far parte di un **segmento di pubblico**, più o meno dinamico, di cui possiamo far parte per un determinato periodo (stiamo pianificando un viaggio in Giappone) oppure siamo inquadrati nel lungo periodo (non ci perdiamo un solo aggiornamento sulla squadra del nostro sport preferito, da mesi).

Questi segmenti di pubblico possono essere dettagliati fino al punto d'identificazione "sta per cambiare lavoro" oppure "genitore di un figlio tra 1 e 3 anni" oppure "possiede una casa di proprietà" ecc…

La logica che c'è alla base dei segmenti di pubblico, che dovrebbe guidare il nostro ragionamento, è identificare chi vogliamo raggiungere. Quando è chiaro l'identikit del nostro potenziale cliente, possiamo cercare all'interno delle opzioni di segmentazione di pubblico di Google Ads (in continuo aumento) e sceglierle per orientare la visualizzazione della nostra pubblicità su quel pubblico, esponendoli così al messaggio dell'annuncio preparato per loro.

Abbiamo quattro macro aree nei segmenti di pubblico che si basano sulle ricerche passate.

Affinità: utenti ben identificati nel tempo che hanno passioni, abitudini e interessi che si ripetono identici nel tempo. Per semplificare: fanno parte di quelli che fanno ricerche su un argomento specifico con regolarità.

Dati demografici Dettagliati: utenti che fanno parte di uno status che li identifica, slegato dalle loro passioni. Per semplificare: fanno parte di quelli che lavorano per una azienda con più di 250 dipendenti; oppure fanno parte di quelli che sono studenti universitari.

In-Market & Eventi importanti nella vita: utenti che momentaneamente hanno un comportamento online più forte verso determinati argomenti, ricollegabili a necessità da assolvere nel breve termine o a eventi rari che accadono durante l'arco della vita. Per semplificare: utenti che stanno cercando informazioni su dove dormire o cosa visitare in Giappone, probabilmente potrebbero essere in procinto di prenotare un viaggio in Giappone; oppure utenti che stanno cercando informazioni su vestiti da sposa, probabilmente sono in procinto di sposarsi.

I tuoi segmenti di dati: utenti che hanno interagito con la tua attività, su cui vuoi fare pubblicità di remarketing. Per semplificare: tutti gli utenti che sono atterrati sul tuo sito internet o ti hanno lasciato dati per essere identificati e raggiunti in un secondo momento (inoltre, verranno create automaticamente delle liste di remarketing denominate "Simili" con il significato di "non hanno interagito con la tua attività, ma hanno un comportamento online simile alle persone appartenenti alla lista "i tuoi segmenti di dati X").

A queste quattro macro aree di segmentazione si aggiungono i segmenti personalizzati e i segmenti combinati, creati da noi.

I segmenti di pubblico personalizzati possono essere auto generati oppure li creiamo noi, indicando al sistema che il segmento personalizzato deve contenere tutti quelli che:

hanno visitato determinati siti internet
oppure
hanno cercato determinate parole chiave
oppure

sono focalizzati su qualche specifica intenzione di acquisto
oppure
hanno utilizzato determinate App.

I segmenti di pubblico combinati, combinano i segmenti di pubblico personalizzati che abbiamo creato o che sono già presenti nel sistema di Google Ads in un super chirurgico segmento di pubblico, che sarà un'arma affilatissima.
Indichiamo al sistema che dentro il segmento di pubblico combinato devono esserci tutti quelli che:

fanno parte del segmento di pubblico X (per dire un nome a caso di un qualsiasi segmento esistente nell'account)
"e" - "oppure"
fanno parte del segmento di pubblico Y (altro nome a caso di un qualsiasi segmento esistente nell'account).

Nel mentre che si creano, sarà molto più semplice capire la logica, che comunque si basa su "deve contenere anche" e "oppure" contiene.

2.3.2 Presente online: Targeting Contestuale

Quando, invece, si tratta del **"presente" online**, il targeting non usa i segmenti di pubblico, ma utilizza il testo dell'informazione che il potenziale cliente sta consumando e/o l'argomento trattato dal sito internet dove piazzare l'annuncio pubblicitario, o ancora meglio il sistema prova a vincere l'asta per lo spazio disponibile su un determinato spazio che gli viene indicato (un canale YouTube specifico, un sito internet specifico ecc..). Questo metodo si chiama targeting contestuale.

Esistono tre tipologie di targeting contestuale. Per dire al sistema di Google Ads di provare a vincere una impressione nella rete display inseguendo il cliente in base al contesto in cui si trova (slegato dal suo comportamento online passato) abbiamo:

Parole Chiave **(Display):** scegliendo le parole chiave, il sistema Google Ads mostrerà i nostri annunci su siti internet, app e video che hanno una relazione con le parole chiave da noi scelte (può, come al solito, andare fuori tema anche). La parola chiave "Nike Air Jordan", tenderà a restringere il campo a quei contenuti strettamente correlati con le "Nike Air Jordan".

<u>Argomenti</u>: scegliendo l'argomento, il sistema Google Ads mostrerà la pubblicità su contenuti che appartengono agli argomenti da noi scelti. L'argomento Cibo e Bevande, mostrerà la nostra pubblicità su tutto quello che rientra nel macro genere Cibo e Bevande, per fare un esempio veloce.

<u>Posizionamenti</u>: scegliendo posizionamenti, siamo noi a dire al sistema Google Ads dove posizionare gli annunci, su specifici siti web, canali YouTube o app. Proprio, esattamente quel sito internet, esattamente su quel canale YouTube, esattamente su quella APP.

Da sapere

Le campagne che usano come base la rete di ricerca, le quali sono istantanee, possono essere estese anche sulla rete display e possono anche avvalersi dei segmenti di pubblico tout court per mixare parole chiave che si attivano solo se una persona fa parte di un determinato segmento di pubblico (vedremo più avanti).
L'estensione nella rete di ricerca non è possibile per le campagne che partono dalla base logica della rete display.

MEGA RECAP di tutti i capitoli precedenti

Abbiamo visto che cosa è Google Ads e come, con la logica dell'asta, la nostra pubblicità può ottenere impressioni e clic rispetto gli altri inserzionisti. Abbiamo visto che questa logica interessa due reti ben distinte che possiedono caratteristiche di targetizzazione diverse. Abbiamo visto che una rete (rete di ricerca) si basa sulle parole chiave e interviene istantaneamente sul termine di ricerca usato dal potenziale cliente. Abbiamo visto che l'altra rete (rete display) si basa su ricerche che sono state fatte nel passato e hanno identificato il potenziale cliente in uno specifico segmento di pubblico oppure sul contesto dei contenuti che sono consumati in quel preciso momento dal potenziale cliente. Le "Parole Chiave" per la rete display, i "Segmenti Di Pubblico" e il "Targeting Contestuale", per semplificarle fino all'osso, potrebbero, secondo me, essere riassunte logicamente in queste tre affermazioni:

1. *Data una parola chiave, con un certo grado di "potenza magnetica" rispetto al termine di ricerca del potenziale cliente, allora fai partecipare l'annuncio all'asta.*

2. *Data l'appartenenza a un segmento di pubblico del potenziale cliente, allora fai partecipare l'annuncio all'asta.*

3. *Data la presenza del potenziale cliente su un contenuto che tratta argomenti scelti o contiene parole chiave specifiche o si trova su siti, app o canali YouTube specifici, allora fai partecipare l'annuncio all'asta.*

CAPITOLO 3

Lo scheletro delle Campagne e i dettagli macro e micro della targetizzazione

Questo capitolo è centrale per il libro, perché è qui che si dispiega un pezzo importante del lavoro da fare nell'ecosistema di Google Ads.

Non è solo essere consapevoli delle potenzialità del sistema Google Ads a rendervi capaci di lanciare una campagna di successo, ma è il controllo di queste potenzialità a fare la differenza. La struttura di un account standard di Google Ads, assolte le impostazioni obbligatorie di fatturazione e simili, come abbiamo visto all'inizio di questo libro, si basa su una logica paragonabile a quella degli insiemi e sottoinsiemi o della gerarchia militare. Dentro l'account di Google Ads, partendo dall'insieme più grande, o seguendo la logica del "chi comanda", abbiamo:

la Campagna con le sue impostazioni > il Gruppo di Annunci con le sue impostazioni > gli Annunci & Estensioni con le loro impostazioni.

Andiamo a vedere nel dettaglio come è strutturata una campagna e quante "specifiche" possono essere date per orientare la visualizzazione della pubblicità su una determinata fascia di pubblico, entrando passo passo all'interno delle varie gerarchie.

3.1 La Campagna

La Campagna controlla impostazioni chiave della strategia globale, influenzando tutti gli altri sottoinsiemi. Queste su cui pongo l'attenzione sono le più critiche nella logica di base del sistema Google Ads, ma non sono le uniche impostazioni disponibili a livello di campagna. Ci addentriamo per gradi, perché lo scopo del libro è far comprendere la logica, non elencare quello che c'è nell'account.

- Lingue (da targetizzare)
- Località(geografia da targetizzare)
- Obiettivo di Marketing (consigli generici)
- Data inizio e fine (della campagna)
- Budget (giornaliero medio, condiviso o totale della campagna)

- o Obiettivi (Azioni di conversione della campagna)
- o Strategia di offerta (come usare il budget)

La Campagna, per ritornare al discorso, gestisce le impostazioni macro di tutto quello che succede nei sottoinsiemi. Metaforicamente parlando, la Campagna la si potrebbe descrivere con le caratteristiche tipiche di un'automobile dove lei comanda "il volante" (dove andare), "il piede sull'acceleratore" (quanto budget e per quanto tempo) e "le marce del cambio" (come usare il budget).

3.1.2 Il Volante: dove andare

Lingua e area geografica

Uno dei primi dettagli di targetizzazione che si scelgono a livello di Campagna e che danno la direzione del target a tutti i gruppi di annunci (e relativi contenuti) che faranno parte della campagna, è la scelta della "lingua del potenziale cliente" su cui dirigere gli annunci. *Se Google pensa che sei un bilingue o un trilingue, potresti vedere pubblicità che non corrispondono alla lingua del tuo dispositivo o del paese in cui ti trovi e neanche alla tua lingua madre.*

Oltre alla lingua del potenziale cliente, anche l'area geografica a livello macro viene gestita dalle impostazioni del pannello di controllo della Campagna (a livello Campagna) e indica in che zona geografica si trova il potenziale cliente.

Parlo di livello macro poiché è solo qui che possiamo decidere di andare in target, per esempio, sulla Lombardia e indicare se vogliamo mostrare la pubblicità:

- a tutti quelli che sono abitualmente in Lombardia (presenza)
- a tutti quelli che sono interessati alla Lombardia (interessati)
- a tutti quelli che sono abitualmente in Lombardia oppure che sono interessati alla Lombardia (presenza o interesse)

Quale è la differenza?

Se volessimo andare in target su tutti gli inglesi che si trovano in Lombardia, la cosa migliore che si può fare è impostare come lingua da targetizzare

"Inglese" e come geografia "Lombardia", con il dettaglio "presenza: utenti che si trovano nelle località target o che le visitano regolarmente".

Se lasciassimo l'opzione standard, impostata automaticamente dal sistema Google Ads sulla logica "presente o interessato alla zona geografica", la pubblicità potrebbe apparire tranquillamente in Francia, a una persona che sta pianificando un viaggio a Milano, che è un bilingue anglo/tedesco, poiché risponde alla condizione: "il potenziale cliente parla in lingua Inglese ed è interessato alla Lombardia".

Una bella differenza!

Obiettivo di Marketing

Un altro dettaglio che si sceglie a livello di Campagna è l'obiettivo di Marketing, che ha una sua influenza generale sui segmenti di pubblico automatici delle campagne display intelligente (più avanti) e, in linea di massima, serve a guidare noi su un canale d'impostazioni preconfigurate secondo il sistema Google Ads, per impostare una campagna che tende ad assolvere il compito dell'obiettivo che abbiamo scelto.

Quindi scegliamo "Vendita" per essere indirizzati su campagne e set up che generalmente aumentano le vendite, scegliamo "Traffico" per farci indirizzate su campagne e impostazioni che generalmente tendono a portare più traffico sul sito internet che stiamo pubblicizzando.

3.1.3 Il piede sull'acceleratore (quanto budget e per quanto tempo)

Impostazione di Data inizio e fine campagna

Uno dei dettagli più semplici che si sceglie a livello di Campagna è la data d'inizio e fine della campagna stessa.

Si può impostare una data d'inizio e non impostare una fine: la campagna inizierà nella data specificata e continuerà ogni giorno a compiere il suo lavoro.

Si può impostare una data d'inizio e una data di fine: la campagna termina automaticamente il giorno impostato come ultimo giorno della campagna.

Le due logiche sono semplici e dipendono dalle esigenze che si hanno con le campagne. Una campagna di vendita continuativa, che attraversa tutti i giorni dell'anno, non dovrebbe avere una fine.

Al contrario, un messaggio di branding su YouTube o una vendita spot sotto il Black Friday, potrebbe avere una sua durata.

Impostazione del Budget

Tra le cose molto importanti che si controllano a livello di Campagna c'è il Budget della campagna, che può essere di tre tipi: giornaliero, totale o condiviso.

Vediamo qual è la logica dietro la parola.

Il Budget Giornaliero: quanto mediamente vorremmo fosse speso al giorno per la campagna.

Normalmente questa è l'impostazione di base di qualsiasi campagna.
Si ha un controllo totale sulla quantità massima di budget che può essere speso sulla singola campagna "giornalmente" e quindi mensilmente (seguendo la regola matematica: budget giornaliero X 30,4gg = budget mensile). Ci si assicura che una certa quantità di budget è disponibile per la campagna.

Lo svantaggio avviene quando il budget non viene speso, rimane inutilizzato all'interno dell'account e non ridistribuito su altre campagne che magari avrebbero preformato di più se avessero avuto quel budget a disposizione per ottenere altri clic.

<u>Il Budget Totale</u>: avendo chiara una data d'inzio e fine di una campagna, possiamo decidere il budget totale massimo che siamo disposti a spendere in quella finestra di tempo su quella campagna specifica.

Segue più o meno la stessa logica del budget giornaliero, ma è disponibile solo sulle Campagne Video (al momento che scrivo) con l'unica dinamica che non si può, una volta scelto, passare a un altro tipo di budget.

Una bella notizia ce la dà la pagina del supporto di Google Ads: "[...] Se utilizzi un budget totale della campagna, ti verrà addebitato solo l'importo che hai inserito per la campagna, anche se gli annunci pubblicati da Google Ads ricevono un numero maggiore di visualizzazioni o impressioni rispetto a quello consentito dal budget [...]". Tenetelo a mente!

<u>Il Budget Condiviso</u>: un budget giornaliero condiviso tra più campagne.

Immaginiamo di avere due campagne con 100€ al giorno in budget condiviso. Le campagne attingeranno da questi 100€ in modo da bilanciare e ottimizzare il budget nelle due campagne, distribuendo più budget dove ce ne è più bisogno, al fine di promuovere un miglior rendimento delle campagne.

Tutto bellissimo, ma attenzione alle campagne che potrebbero vampirizzare le altre in nome della "mancanza di sufficiente budget" (limitata dal budge: un avviso che vedrete apparire di tanto in tanto).

Ogni campagna andrà analizzata nelle sue impostazioni e il budget in linea di massima dovrebbe essere utilizzato inizialmente con l'impostazione di budget giornaliero e poi, dopo l'acquisizione di dati, considerare il passaggio "oculato" a un budget condiviso. Ma dipende.

Le casistiche possono essere diverse e per orientarsi bisognerà sempre considerare quanto budget si ha a disposizione, quanti dati si hanno sulle relative campagne che si sta considerando di "accorpare a livello di budget" e il perché le si vuole accorpare:

- non tutte le campagne spendono il budget che gli viene assegnato (quindi si decide di condividere quel budget non speso e vedere di ridistribuirlo)
- non c'è possibilità di assegnare altro budget a una singola campagna e non si può spostare budget da una campagna a un'altra (tutto il budget è stato assegnato e due o più campagne non sono limitate dal budget mentre una è limitata dal budget, allora si unisce il budget per creare un effetto "vaso comunicante")
- esigenze di gestione di budget "importanti" (migliaia di euro al giorno)

Questo budget condiviso tenderà a funzionare meglio quando le campagne che condividono il budget avranno anche una strategia di offerta simile o di portafoglio (vedremo più avanti). In combinazione con un modello di attribuzione basata sui dati, il budget condiviso può essere uno dei settaggi tra i più performanti.

Da sapere, molto importante

Il sistema Google Ads ha una bellissima regola denominata sovrapubblicazione o overdelivery in inglese, che trasforma il budget giornaliero, in realtà inteso come "il budget che in 30,4 giorni vorremmo spendere", in una media desiderata ma non esatta, la quale può spendere fino al "doppio dei clic" in uno stesso giorno e in teoria "mia più del doppio del budget giornaliero impostato", in nome di un traffico percepito come "potenzialmente più redditizio per noi che stiamo facendo pubblicità" dal sistema Google Ads. **Ripeto: *fino al doppio del budget giornaliero che abbiamo impostato.***

Comunque, a fine mese non andiamo mai a spendere di più di quello che abbiamo impostato seguendo la matematica: "Budget giornaliero X 30,4" (esistono comunque eccezioni e crediti a questa regola).

E se nel mezzo del mese decidessimo di aumentare il budget? Semplicemente seguiamo questa formula matematica: "Nuovo budget X giorni del mese restanti". Il risultato è "quanto potenzialmente sarà in grado di spendere fino alla fine del mese la nostra campagna".

Quindi, se il nostro budget giornaliero è di 20€, potenzialmente alla fine del mese la nostra spesa sarà vicina a 20€ X 30,4 gg = 608€. Se il giorno 15 aumentiamo il budget a 80€ al giorno, il nostro nuovo budget fino alla fine del mese sarà vicino a "budget già speso + (80€ X 15,4 gg) = 1232€".

3.1.4 Le marce del cambio (come usare il budget)

Questo paragrafo avrà i capitoli 4 e 5 a sua disposizione. Quindi, prima di addentrarci nei dettagli più ostici di tutto il sistema Google Ads, noti come conversioni (capitolo 4) e strategie di offerta (capitolo 5), guardiamo quello che succede nei dettagli per il targeting a livello di Gruppo di Annunci.

3.2 Gruppo di Annunci

Il Gruppo di Annunci controlla i metodi di targetizzazione già discussi nel capitolo 2.

- o Parole chiave (rete di ricerca)
- o Segmento di pubblico (rete display + rete di ricerca)
- o Posizionamento
- o Argomento
- o Parola Chiave (rete display)

Il Gruppo di Annunci, inoltre, ha la possibilità di raffinare la targetizzazione con altri dettagli. Questi dettagli sono i dati demografici, tecnologici, geografici e temporali del potenziale cliente che è in internet sulla rete di ricerca o sulla rete display:

- Età (18-24, 25-34, 35-44, 45-54, 55-64, 65+)
- Genere (donna, uomo, sconosciuto)
- Stato parentale (con figli, senza figli)
- Reddito del nucleo familiare (Si va a target sul ceto, dove disponibile)
- Dispositivi dal quale naviga il potenziale cliente (mobile, pc, tablet, tv)
- Posizione geografica (nazione, regione, città, comune, cap)
- Giorni della settimana
- Ora del giorno

La particolarità di questi dettagli sta nel fatto che possono essere manipolati per rendere il nostro cpc massimo adeguato al potenziale cliente, utilizzando gli aggiustamenti delle offerte riguardanti questi dettagli, aprendo o meno il "rubinetto" di questi dettagli.

3.2.1 Aggiustamenti delle offerte

Per esempio, dopo aver studiato dei dati, ci si accorge che alcune caratteristiche convertono meglio di altre, alcune combinazioni sono più profittevoli per il nostro account Google Ads. Allora possiamo dire al sistema Google Ads di aumentare o diminuire la % del nostro cpc massimo per partecipare all'asta se il potenziale cliente rientra in una o più combinazioni di questi dettagli.

Nella logica di Google Ads si potrebbe leggere così: se il potenziale cliente si trova nel dettaglio X allora aumenta del 25% il costo massimo per clic, oppure, se il potenziale cliente si trova nel dettaglio Y allora diminuisci il costo massimo per clic del 25%. Matematicamente, se il cpc è 1€, nel primo caso 1€+25%= 1,25€ e nel secondo caso 1€-25%=0,75€.

Fate attenzione perché quando più di un dettaglio si incrocia nel calcolo, le percentuali si moltiplicano fra loro, ma il risultato non potrà superare il 900% del cpc massimo iniziale.

Come riportato nella pagina di supporto di Google Ads:

"Supponiamo che tu stia pubblicando una campagna indirizzata all'Italia e che la pianificazione ne preveda la pubblicazione tutti i giorni della settimana. Supponiamo anche che tu abbia impostato un'offerta CPC max per il gruppo di annunci di 1 €. Decidi di aumentare l'offerta del 20% per la Lombardia e di ridurla del 50% per il

sabato. L'offerta risultante per una ricerca effettuata in Lombardia di sabato ammonterà a 0,60 €. Di seguito è riportata la formula matematica:

Offerta iniziale: 1 €

Aggiustamento per la Lombardia: 1 € + (1 € x 20%) = 1,20 €

Aggiustamento per il sabato: 1,20 €+ (1,20 € x - 50%) = 0,60 €

Offerta finale per le ricerche eseguite il sabato in Lombardia: 0,60 €

Offerta finale per le ricerche eseguite dalla domenica al venerdì in Lombardia: 1,20 €

Offerta finale per le ricerche eseguite il sabato in altre regioni: 0,50 €

Offerta finale per le ricerche eseguite in altre regioni dalla domenica al venerdì: 1 €"

Quindi, ricordatevi che le percentuali degli aggiustamenti possono aumentare considerevolmente il costo per clic massimo con il quale ci si presenta all'asta.

In nessun caso il cpc massimo può superare del 900% il suo valore di partenza.

Comunque è una bella cifra il 900%. Fate attenzione.

3.3 Annunci & Estensioni

Annunci & Estensioni comanda gli annunci e le loro estensioni, i quali partecipano all'asta secondo i metodi di targetizzazione impostati a livello di gruppo di annunci al quale appartengono, seguendo anche le indicazioni che sono impostate a livello di campagna.

La logica degli annunci è presentarsi al potenziale cliente sotto forma di testo, immagine o video. Una volta impostato l'annuncio, seguendo le indicazioni per testi, titoli, qualità di video e immagini, gli annunci possono essere abbelliti, anche ai fini del calcolo del ranking, con delle estensioni.

Non c'è molto da dire a livello di logica sugli annunci e sulle estensioni. Vanno usati e configurati come viene indicato, concentrandosi su testi e immagini che rientrano nel settore del copywriting, ricordandosi sempre di come viene calcolata la qualità, che influenza il ranking.

Qui l'elenco delle estensioni che sono presenti nel sistema Google Ads al momento che scrivo:

- Sitelink (link diretto a una pagina del sito)

- Chiamata (numero di telefono da poter cliccare e chiamare direttamente dall'annuncio: **"chiamate dagli annunci"**)
- Snippet (informazioni aggiuntive)
- Callout (informazioni aggiuntive)
- Località (Google my business)
- Immagine (aggiunta d'immagini pertinenti)
- App (download app direttamente dall'annuncio)
- Modulo per lead (modulo da poter inviare direttamente dall'annuncio)
- Prezzo (evidenzia prezzi di prodotti)

MEGA RECAP di tutti i capitoli precedenti

Facciamo un recap generale di tutto quanto trattato e spero compreso nella sua logica fin qui, prima di addentrarci nei dettagli più ostici: le conversioni e le strategie di offerta.

Il sistema Google Ads si basa sul concetto di asta. L'asta viene utilizzata come strumento per scegliere e posizionare un'inserzione sullo schermo di un potenziale cliente. Il sistema Google Ads mostrerà il più in alto possibile l'inserzione che ottiene il ranking maggiore all'interno dell'asta.

Per raggiungere questo potenziale cliente finale abbiamo diverse tipologie di campagne che si orientano su due reti principali che sono la rete di ricerca e la rete display.

Le due reti si distinguono in vari punti. In generale la rete di ricerca è improntata sulla compresenza tra ricerca del potenziale cliente e la visualizzazione dell'annuncio di Google Ads, mentre la rete display mostra annunci non necessariamente in sincrono con l'esigenza del potenziale cliente.

L'inserzione viene mostrata al potenziale cliente poiché ha effettuato una ricerca su internet (termine di ricerca) e, il potenziale cliente, viene intercettato dall'utilizzo di parole chiave, con diverso magnetismo rispetto il termine di ricerca oppure è su contenuti contestualizzati o ha effettuato ricerche in passato ed è stato inquadrato in un determinato segmento di pubblico.

La struttura standard di un account di Google Ads è basata sulla Campagna dove sono presenti impostazioni macro che influenzano il sottoinsieme Gruppo di Annunci, nel quale si controllano i dettagli micro della targetizzazione, e Annunci & Estensioni, dove si dà' forma grafica alla pubblicità da mostrare al potenziale cliente, tentando di costruire un settaggio che risulti in un punteggio di qualità il più alto possibile.

CAPITOLO 4

Ci eravamo lasciati nel capitolo 3 con la promessa di avere un capitolo dedicato alle conversioni e alle strategie di offerta. In questo capitolo affrontiamo le conversioni e le relative impostazioni, comprendendo come al cambiare di una impostazione, l'acquisizione dei dati può variare in modo importante.

4.1 Che cosa sono le conversioni?

Le conversioni sono azioni di valore che vengono compiute sul sito internet, le quali, una volta identificate come tali, possono essere registrate quando avvengono e "convertite" in un dato quantificabile e utilizzabile per il miglioramento delle campagne. Alcuni algoritmi delle strategie di offerta automatiche (vediamo più avanti) si basano sui dati delle conversioni per prendere le loro decisioni.

Per semplificare: utilizzando questi dati, gli algoritmi delle provano a migliorare il rendimento delle campagne cercando di vincere le aste partecipando con un cpc massimo impostato "automaticamente" quando c'è maggiore probabilità di conversione (secondo i dati a disposizione).

Per fare un esempio veloce e inquadrare il ragionamento alla base dell'algoritmo e quanto le conversioni possono influenzare la presa di decisione, *immaginiamo che sul nostro sito internet la tipologia di cliente finale che compra il nostro prodotto e compie una conversione ha un età compresa tra 25 e 34 anni, acquista da cellulare e, normalmente, il tasso di conversione (numero conversioni totali/numero interazioni con annuncio) è più alto tra le 7 e le 10 del mattino. L'algoritmo, se si dovesse trovare di fronte a segnali simili, basandosi sulle conversioni precedenti, in fase di asta cercherà di offrire automaticamente un cpc massimo più alto per aumentare la probabilità di avere un ranking migliore e terminare con un clic che porti il potenziale cliente all'acquisto, poiché, storicamente, un potenziale cliente che cerca tra le 7 e le 10 del mattino, che ha tra 25 e 34 anni e sta cercando da cellulare, ha una probabilità maggiore di convertire sul sito rispetto a un altro potenziale* *cliente con caratteristiche diverse che esegue la stessa ricerca online.*

Le conversioni possono essere infinite, possiamo tracciare qualsiasi cosa che avviene su di un sito internet. Basta decidere cosa è importante tracciare e convertire ai fini dell'ottimizzazione.

Per rendere l'argomento semplice, possiamo individuare le azioni di conversione più comuni, che appartengono a due macro tipologie di business online: "E-commerce" e "Presa Appuntamenti".

E-commerce

Su un e-commerce normalmente si traccia chi:

- acquista
- inizia processo di pagamento
- aggiunge al carrello
- rimuove dal carrello
- si iscrive alla newsletter
- visualizza un prodotto

Presa Appuntamenti

Su un sito internet di presa di appuntamenti normalmente si traccia chi:

- telefona (chiamate da sito web)
- clicca sul numero di telefono
- clicca su una email
- inizia una forma di comunicazione
- invio di un form
- si iscrive alla newsletter
- prenota una demo
- fissa un appuntamento
- scarica un documento

4.2 Le conversioni restanti

Poi ci sono azioni di conversione che possono essere tracciate off-line (conversioni off-line) e riportate nel sistema Google Ads, per assegnarle correttamente alle campagne che le hanno generate, migliorando la qualità dei dati che gli algoritmi possono usare per orientarsi (un conto è chi invia un form d'interesse per comprare una casa e un altro è chi effettivamente ha poi acquistato):

- visite in negozio
- chiamate telefoniche
- contratti chiusi

Poi ci sono le conversioni legate alle APP delle persone che compiono azioni rilevanti:

- acquisto della APP o tramite la APP
- download della APP
- azioni di valore compiute utilizzando la APP

Poi ci sono le conversioni legate a quello che succede quando qualcuno interagisce con il Google My Business: sono preimpostate da Google Ads (hosted by Google) quando si collega il Google My Business a Google Ads per permettere l'estensione di località.

"Le conversioni prevedono una parte leggermente tecnica per poter funzionare.
Dipendendo da come è costruito il sito internet, quale piattaforma viene utilizzata per far "girare il sito internet", le conversioni possono essere tracciate in un modo o in un altro. La piattaforma di Google Tag Manager e vari plugin a pagamento o gratuiti possono assolvere il 99% dei tracciamenti di conversioni più comuni e farle diventare una operazione più o meno semplice, dove il web master diventa "non strettamente necessario. Con un po' di pazienza ce la possono fare tutti".

Ma..

La parte logica che interessa padroneggiare al fine di utilizzare con cognizione di causa il sistema Google Ads sono le impostazioni che possiamo dare alle conversioni una volta che sono state impostate e tracciano correttamente.

4.3 Impostazioni delle Conversioni

Una grande distinzione tra le conversioni che possiamo trovare nel sistema Google Ads è l'origine dei dati delle conversioni. Possiamo avere un'origine dei dati nativa di Google Ads (denominata Sito Web) e un'origine importata da un altro sistema (che sarà specificato all'interno della piattaforma di Google Ads).

Per semplificare: le conversioni possono essere create tramite Google Ads o importate da Google Analytics (non trattato in questo testo) o altra fonte esterna, per esempio. Se importate da Google Analytics le conversioni avranno un'origine "importata".

Bisogna comprendere che la logica di questa scelta porta con sé anche una differenza sostanziale nel conteggio della conversione da parte di Google Ads.

Google Ads legge e recepisce le conversioni secondo il suo "modo di contare" e Google Analytics o altra fonte esterna assegna le conversioni secondo il "modo di contare" proprio del suo sistema.

Il sistema Google Ads, in sintesi, utilizzando il tracciamento della conversione tramite l'implementazione nativa ha maggiore probabilità di vedersi assegnata una conversione a se stesso. Con una conversione importata la probabilità diminuisce.
E diminuendo la probabilità, diminuiscono i dati. Diminuendo i dati, diminuisce l'efficacia delle campagne. Capito?

Dove si vede la differenza tra native e importate?

Nel pannello di controllo delle conversioni native di Google Ads esistono alcune impostazioni in più rispetto a quelle importate. Queste impostazioni in più fanno tutta la differenza del mondo.

Al momento che scrivo, all'interno delle impostazioni delle conversioni native di Google Ads abbiamo queste impostazioni aggiuntive (vediamo più avanti):

- Finestra di conversione view-through

La parte logica da comprendere in questo momento, per quanto riguarda il tema conversioni di questo capitolo, sono le impostazioni che possiamo dare alle conversioni. Le impostazioni influenzeranno in maniera importante l'acquisizione dei dati, quindi l'andamento delle campagne, l'analisi dei dati e la presa di decisioni.

All'interno delle impostazioni di una conversione abbiamo delle impostazioni che non hanno effetto sulle campagne o che non possiamo modificare (e la loro impostazione "lascia il tempo che trova") e quelle che invece hanno effetto sulle campagne e che possiamo modificare (e dobbiamo capire come funzionano per impostarle al meglio).

4.3.1 Non hanno un effetto sulle campagne o non possiamo modificare

Impostazioni della conversione che **non hanno un effetto sulle campagne o che non possiamo modificare:**

- Nome della Conversione: è un nome di fantasia che diamo noi alla conversione. Utilizzate nomi più chiari e univoci possibili.

- Categoria della Conversione: insieme di categoria cui appartiene la conversione. Utile per report e lettura dati.

- Origine: indica se la conversione è nativa (sito web) o importata da altra origine

4.3.2 Hanno un effetto sulle campagne

Impostazioni della conversione che **hanno un effetto sulle campagne e su cui abbiamo potere di modifica:**

4.3.2.1 Conteggio

- Conteggio: indica il numero delle volte che la conversione deve essere conteggiata se viene effettuata da uno stesso utente più volte sul sito. Possiamo scegliere di conteggiare la conversione "una" sola volta o "tutte" le volte che quell'azione viene effettuata.

Logica del "conteggio": se io clicco sul numero di telefono 10 volte nella stessa sessione o mando 10 form contatti (tutti uguali), sarà il caso che il conteggio della conversione vada a registrare quell'azione di conversione come fosse stata compiuta una sola volta, per evitare di sballare i dati della conversione stessa che può influenzare le scelte automatiche di partecipazione all'asta usate dagli algoritmi. Al contrario, se io acquisto un paio di occhiali, poi non contento, decido di acquistare anche un paio di scarpe, la conversione di acquisto avrebbe senso tracciarla tutte le volte che è avvenuta e trattare quel dato come univoco per ogni evento.

4.3.2.2 Valore

- Valore: assegna o non assegna un valore monetario alla conversione quando avviene. Possiamo assegnare un valore fisso (sempre 10€, per esempio), un valore che cambia dinamicamente (la somma dei prodotti in un carrello di un e-commerce, per esempio) oppure non assegnare alcun valore monetario.

Logica del "valore" monetario: se sappiamo che ogni form che ci viene inviato si traduce in una vendita di 50€, potremmo assegnare uno stesso valore per ogni conversione registrata, pari a 50€. Un acquisto su un e-commerce avrà un valore dinamico, che cambia ad ogni acquisto e possiamo dire al sistema Google Ads di assegnare un valore diverso ad ogni conversione (se non si vende un mono prodotto). Un clic su una chat potrebbe avere valore statistico ma non un valore monetario e quindi possiamo dire al sistema di non assegnare alcun valore a questa conversione.

4.3.2.3 Finestra di conversione click-through

- Finestra di conversione click-through: si lega al concetto di assegnazione della conversione classico, che vale per le conversioni importate come per quelle native. In parole semplici: entro quanto tempo dalla prima interazione su un annuncio pubblicitario avvenuta tramite clic da parte di un potenziale cliente, io (io, inteso come sistema Google Ads), posso assegnarmi la conversione? Attualmente si può scegliere tra 1 settimana e 90 giorni.

Logica della "Finestra di conversione click-through": nel caso si scelga 30 giorni di finestra di conversione click-through, se io persona clicco oggi su un annuncio pubblicitario e 29 giorni dopo (in un secondo momento) concludo l'azione di conversione, indipendentemente dalla sorgente dalla quale provengo (da un blog, una email, organicamente, direttamente, ecc..) il sistema Google Ads si assegnerà la conversione come generata dal sistema Google Ads. La conversione verrà assegnata e distribuita nell'arco temporale di 30 giorni e, a livello di reportistica, dipendendo anche dal modello di attribuzione (che vediamo più avanti) della conversione, può trovarsi distribuita su due mesi diversi, creando un po' di smarrimento.

4.3.2.4 Finestra conversioni view-through

- Finestra conversioni view-through: anche lei si lega al concetto di assegnazione della conversione rispetto la sorgente, ma, a differenza di click-through, che prevede un click sulla pubblicità, questa finestra temporale si basa su qualcosa che è stato visto dal potenziale cliente sullo schermo. Utilissima per attribuire conversioni a tutto quello che non è stato cliccato ma che ha influenzato in qualche modo il potenziale cliente a compiere l'azione di conversione (tutte le campagne che girano sulla rete display hanno un forte legame con questa finestra di conversione view-through). Attualmente si può scegliere tra 1 giorno e 30 giorni.

Logica della "Finestra di conversione view-through": questa specifica finestra di conversione è disponibile solo per le conversioni native di Google Ads, le quali prendono in considerazione anche cosa è stato visto come pubblicità e non solo "il cliccato". Per fare un esempio, nel caso si scelga 30 giorni di finestra di conversione view-through: se vedo oggi un annuncio pubblicitario e 29 giorni dopo (in un secondo momento) concludo l'azione di conversione, indipendentemente dalla sorgente dalla quale provengo (da un blog, una email, organicamente, direttamente, ecc..) il sistema Google Ads si assegnerà la conversione come generata dal sistema Google Ads. Anche qui, la conversione viene assegnata e distribuita nell'arco temporale di 30 giorni e, a livello di reportistica, dipendendo anche dal modello di attribuzione (che vediamo più avanti) della conversione, può trovarsi distribuita su due mesi diversi, creando un po' di smarrimento.

4.3.2.5 Finestra di conversione di tipo visualizzazione "engaged"

- <u>Finestra di conversione di tipo visualizzazione "engaged"</u>: come per view-through, questa finestra temporale si basa su qualcosa che è stato visto dal potenziale cliente sullo schermo, ma fa riferimento specifico ai video YouTube. Se si fanno campagne Youtube, possono fare la differenza. Attualmente si può scegliere tra 1 giorno e 30 giorni.

Logica della Finestra di conversione di tipo visualizzazione "engaged": questa specifica finestra di conversione è disponibile solo per le conversioni native di Google Ads, le quali prendono in considerazione solo cosa è stato visto come pubblicità Video. Come riporta perfettamente la pagina di Google Support: "Le conversioni di tipo visualizzazione "engaged" vengono conteggiate quando un utente guarda almeno 10 secondi un annuncio <u>in-stream ignorabile</u> (o guarda l'intero annuncio in-stream ignorabile, se è più breve di 10 secondi) e poi genera la conversione all'interno della finestra di conversione di tipo visualizzazione "engaged"".

4.3.2.6 Includi in conversioni

- : la scelta può essere semplicemente "si" o "no". Oppure "utilizzare o non utilizzare come obiettivo" dell'account, selezionando tra conversione primaria e secondaria. Primaria equivale a "si" e secondaria equivale a "no".

Logica di "includi in conversioni": questa "innocua" scelta va a dire al sistema Google Ads di "utilizzare" o "non utilizzare" i dati raccolti dalla conversione per alimentare l'algoritmo delle strategie di offerta automatica (vediamo più avanti) quando deve decidere "quanto puntare" per partecipare a un'asta. Se includiamo in conversioni qualcosa che per noi non ha valore e impostiamo una strategia automatica, come per esempio "Massimizza le Conversioni", l'algoritmo nei suoi calcoli inserisce anche i dati derivanti da quella conversione "inutile" per prendere le sue decisioni e, in base al budget e alle impostazioni della campagna, deciderà quanto puntare per partecipare all'asta. Possiamo dire che "includere" o "non includere" la giusta conversione, fa tutta la differenza del mondo.

4.3.2.7 Modello di Attribuzione

- Modello di Attribuzione: la spiegazione è più semplice, forse, utilizzando una metafora. Immaginiamo un qualsiasi sport di squadra. Prendiamo per esempio il calcio o la pallavolo. La conversione è, metaforicamente parlando, quando la squadra fa punto. Il modello di attribuzione è: "a chi viene assegnato il merito del punto". Il sistema Google Ads **"metteva"** a disposizione diversi modelli di attribuzione della conversione. Sebbene adesso non siano tutti disponibili, poiché hanno capito la loro inutilità nell'ecositema Google Ads, questi modelli sono ampiamente copiati e utilizzati su altre piattaforme "in giro per il mondo", e la loro comprensione può essere di aiuto.

Ultimo clic

   - Ultimo clic: la conversione viene assegnata tutta "all'ultimo clic" che l'ha generata (la persona che fa punto prende tutto il merito).

Logica di "ultimo clic": tecnicamente si è interessati a identificare il clic finale che porta alla conversione. Il grande pericolo si mostra quando si devono analizzare i dati e scegliere cosa funziona e cosa no. A un certo punto vorremmo mettere in pausa o eliminare le parole chiave che non convertono o gruppi di annunci che non funzionano, o annunci che hanno zero conversioni, per esempio. Come possiamo essere sicuri di non spegnere qualcosa che fa da apripista (ammesso che ci siano più parole chiave o più gruppi di annunci)? Magari mettiamo in pausa una parola chiave perché ha zero conversioni negli ultimi sei mesi, o un annuncio, non sapendo in realtà che è lei che porta le persone a conoscere il sito internet nel 60% delle volte (sto facendo un esempio a caso con numeri a caso, ma è la logica che bisogna capire).

La domanda a cui risponde questo modello di attribuzione è: chi è l'ultimo clic che trasforma un potenziale cliente in cliente?

Primo clic

    o   Primo clic: la conversione viene assegnata tutta "al primo clic" che l'ha generata (la persona che ha compiuto il primo passaggio, all'inizio dell'azione che ha portato a fare punto, si prende tutto il merito).

Logica del "primo clic": tecnicamente si è interessati al primo clic che poi ha fatto generare la conversione. Questo modello di attribuzione si focalizza sul clic che da il "La" alla conversione. Quello che succede nel mezzo del cammino non è di suo interesse.

Può essere ottimo per testare nuovi **funnel** (percorso di conversione: non trattato in questo testo) avendo un budget che lo permette. Una volta individuato chi è l'apripista si potrebbe creare una campagna ad hoc per massimizzare quel clic, aumentare il budget della campagna per ottimizzare le interazioni di qualità con le nostre pubblicità e quindi potenzialmente aumentare la % di conversioni.

La domanda a cui risponde questo modello di attribuzione è: quale clic attrae più clienti quando ancora non hanno interagito con le nostre pubblicità? Chi è l'apripista di questa conversione con questo modello di attribuzione?

Lineare

- o <u>Lineare</u>: la conversione viene distribuita in parti uguali su tutte le interazioni che l'hanno generata (i giocatori che hanno contribuito con il gioco di squadra a fare punto, indipendentemente se sono stati i primi o gli ultimi a toccare la palla, ottengono uno stesso peso nell'azione).

Logica del modello "lineare": tecnicamente si è interessati allo stesso modo a tutti i clic che hanno contribuito a generare la conversione. Può essere sensato utilizzarlo quando non si hanno criteri discriminanti all'interno del funnel di vendita.

La domanda a cui risponde questo modello di attribuzione è: quali sono i clic che contribuiscono alla conversione di un potenziale cliente?

Decadimento temporale

- o <u>Decadimento temporale</u>: il peso della conversione viene distribuito in modo crescente man mano che ci si avvicina alla conversione stessa. Come per lineare, la conversione viene assegnata a tutti i clic che l'hanno generata, ma le parti non sono divise equamente. Chi è più lontano temporalmente dalla conversione riceverà meno punteggio e chi è più vicino riceverà più punteggio. Si dimezza il punteggio assegnato a ogni clic ogni 7 giorni (le persone che hanno contribuito con il gioco di squadra a fare punto, ottengono un punteggio man mano più grande. Chi effettivamente fa punto riceverà più punteggio rispetto chi ha effettuato il primo passaggio. Ogni 7 minuti di gioco il punteggio che viene assegnato a giocatori che fanno i passaggi si dimezza).

Logica di "decadimento temporale": tecnicamente si è interessati a tutti i clic che hanno generato la conversione. Ma questo modello di attribuzione si focalizza sui clic che sono nella parte bassa del funnel, vicini alla conversione temporalmente. Dimezzano il loro valore di ogni passaggio ogni sette giorni. Ma non focalizziamoci sulla matematica. Il concetto è che più il clic iniziale è lontano, meno valore gli viene attribuito.

Può essere ottimo quando si è in una fase di scoperta dei clic che convertono di più, quando ormai la fase di scoperta e valutazione del brand, da parte del potenziale cliente, è terminata.

Per fare un esempio: Coca-cola non ha molto interesse nel comprendere se stavi cercando una bevanda frizzante al gusto cola ed hai iniziato il percorso del funnel cliccando bevanda gasata; vuole sapere cosa ti ha fatto scegliere Coca-cola e non Pepsi alla fine del funnel. Quale clic ha più peso in fase decisionale, non tralasciando gli altri.

La domanda a cui risponde questo modello di attribuzione è: quali clic contribuiscono alla conversione di un potenziale cliente e con quale importanza?

In base alla posizione

    o   In base alla posizione: la conversione distribuisce il 40% del punteggio al primo clic e il 40% all'ultimo clic. Tutti i clic nel mezzo si spartiscono il rimanente 20% diviso in parti uguali (il primo passaggio che mette in moto l'azione che porta a fare punto ottiene 40% del merito, chi fa punto ottiene un altro 40% del merito e tutti i passaggi intermedi all'azione si spartiscono il rimanente 20%).

Logica di "in base alla posizione": tecnicamente si è interessati a tutti i clic che hanno generato la conversione. Ma questo modello di attribuzione si focalizza sui clic chiave che danno il "La" al funnel e che chiudono la vendita. Parte alta del funnel e parte bassa del funnel. Quello che succede nel mezzo non è di grosso interesse.

Può essere ottimo quando si è in una fase di studio delle parole chiave che fanno scoprire l'attività e che chiudono la vendita. Se si è piccoli si ha tutto l'interesse a comprendere quali sono i clic più fruttiferi che portano le persone sul sito e quali sono quelli che alla fine fanno vendere.

La domanda a cui risponde questo modello di attribuzione è: quali interazioni sono importanti per aprire la vendita e chiudere la vendita?

Basata sui dati

- o <u>Basata sui dati</u>: la conversione viene distribuita con una percentuale non definita all'inizio, ma che viene assegnata in maniera ponderata a seguito dell'analisi dei dati da parte del sistema Google Ads.
  Analizzando la qualità delle interazioni che il cliente ha percorso attraverso le campagne pubblicate su Google Ads prima di convertire (calcolando quale annuncio, gruppo di annunci e quale campagna ha maggiormente contribuito alla conversione stessa), viene assegnata una % a interazione (in un gioco di squadra, oltre al giocatore che segna il punto, vengono valutate tutte le azione nel suo complesso, durante tutta la stagione non solo nella singola partita. Nelle azioni di gioco, i giocatori della squadra hanno una qualità di gioco diversa. Una persona che fa passaggi che portano spesso alla chiusura di un punto, ha più qualità di un assist sporadico fatto da un altro giocatore.

A quel giocatore di qualità verrà assegnata una percentuale più alta del punteggio di partecipazione all'azione che ha fatto segnare la squadra durante il campionato).

Logica di "basata sui dati": tecnicamente si è interessati a tutte le interazioni che hanno generato la conversione, non in senso numerico, ma qualitativo. Questo modello di attribuzione si focalizza sul peso qualitativo di ogni interazione effettuata nel percorso che porta alla conversione.

Per visualizzare, banalmente: abbiamo due annunci in due campagne diverse. Chi interagisce con annuncio A e poi con l'annuncio B converte molto di più rispetto a chi interagisce solo con l'annuncio B (che comunque converte). Allora, all'annuncio A verrà assegnata una percentuale di merito conversione, ricalcolata in base alla sua importanza qualitativa.

Badate bene che la prospettiva cambia in maniera importante. Non ci si focalizza più sull'interazione effettiva, ma sull'interazione studiata nell'insieme dei percorsi di conversione avvenuti.

La domanda a cui risponde questo modello di attribuzione è: quali sono le interazioni che maggiormente influenzano il percorso del cliente alla conversione?

4.4 Quale è la migliore impostazione?

Avere più conversioni registrate nell'account di Google Ads ha il vantaggio principale di riempire con più dati il database che gli algoritmi utilizzano per partecipare alle aste in maniera automatica. Generalmente parlando, impostare il massimo di giorni disponibili all'interno delle finestre di conversione, sarebbe la cosa più saggia da fare, ma dipende sempre da business a business, da conversione a conversione.

Queste impostazioni interne alle conversioni che hanno un effetto sulle campagne, sono strettamente legate alle strategie di offerta automatiche che il sistema Google Ads permette di scegliere e, quindi, a come le campagne si comporteranno una volta in uso. Quando impostiamo una conversione e poi la utilizziamo in una campagna come suo obiettivo, la strategia di offerta che abbiamo scelto per la campagna stessa si baserà sui dati di quella conversione.

Quei dati dipendono da come è stata impostata fino a quel momento. Tenetelo a mente.

MEGA RECAP di tutti i capitoli precedenti

Il sistema Google Ads si basa sulle aste, le quali sono il veicolo per vincere una impressione sul video di un potenziale cliente. Le campagne, i gruppi di annunci, gli annunci e tutte le impostazioni che scegliamo hanno il fine ultimo di agevolare il sistema nel farci partecipare a un'asta più o meno in linea con quelle che sono state le nostre richieste.

Le aste servono a decidere chi, tra i vari inserzionisti, può apparire sullo schermo del potenziale cliente e in quale posizione, poiché lo spazio è limitato. Possiamo voler apparire per portare traffico sul sito internet, per fare brand o per ottenere dal visitatore una sua azione specifica sul nostro sito internet.

Questa azione può essere convertita in un dato utilizzabile dalle strategie di offerta. Dipendendo dalle impostazioni della campagna e dall'impostazione che scegliamo per ogni conversione che stiamo tracciando, la stessa strategia di offerta si può interfacciare con il sistema

Google Ads in modi molto diversi fra loro, portando a risultati diversi.

I modelli di attribuzione per il conteggio delle conversioni e la sua assegnazione, l'inclusione delle conversioni nella formula matematica che fa muovere le strategie di offerta, la finestra di conversione e il valore della conversione, sono tutti fattori molto importanti che indicano alla strategia di offerta stessa quando puntare molto o poco per cercare di vincere l'asta (nel caso si utilizzasse una strategia di offerta automatica).

Ricordiamo che per vincere un'asta si passa dall'ottenimento del ranking, la cui formula è: (CPC massimo X qualità) + Struttura Annuncio = Ranking.

CAPITOLO 5

Le marce del cambio (come usare il budget) seconda parte. Le strategie di offerta.

In questo capitolo vediamo in cosa consistono le strategie di offerta e come si comportano nella loro logica. Il loro utilizzo dipenderà da una serie di fattori e dai dati disponibili. Lo scopo del capitolo, come anche di tutti i capitoli precedenti, è esporre un punto di vista dal quale partire per provare a comprenderne la logica.

5.1 Le strategie di offerta

Ogni strategia di offerta è adatta a differenti tipi di campagne e obiettivi pubblicitari. Nel sistema di Google Ads possiamo individuare, per semplificare, tre macro categorie:

Le strategie per **generare traffico**

1. Massimizza i clic
2. Cpc manuale

Le strategie per **generare conversioni**

1. Cpc ottimizzato
2. Massimizza le conversioni
3. Target CPA/CPI
4. Target Roas - Massimizza Valore di Conversione

Le strategie per far **aumentare la notorietà del brand e visualizzazioni**

1. vCPM e tCPM
2. CPV
3. Quota impressioni target

Andiamo a vedere quali sono "le logiche" che sono alla base di ogni strategia di offerta appartenente a queste tre macro categorie.

5.2 Le strategie per generare traffico

La logica di base è portare più traffico possibile entro un determinato budget a un determinato costo o al costo minore possibile. Queste strategie possono essere indicate quando si lanciano nuove campagne che devono acquisire dati. Portare traffico sul sito a basso costo o a un costo che possiamo più o meno controllare, vedere come le persone si comportano, studiare i dati, ottimizzare, ripetere.

5.2.1 Massimizza i clic

Questa strategia di offerta si potrebbe parafrasare così: "Sistema Google Ads, genera la più alta quantità di clic possibili sull'annuncio pubblicitario di questa campagna all'interno del budget che ti ho messo a disposizione".

Cosa significa: noi diamo il pieno controllo al sistema Google Ads di gestire il budget nella maniera più efficace ed efficiente possibile per portare il massimo numero di clic possibili all'interno del budget che impostiamo.

Con questa strategia lasciamo al sistema il controllo di partecipare alle aste disponibili con in mente l'obiettivo di partecipare più volte possibile alle aste per prendere più clic possibili. Possiamo comunque dire al sistema di non "sporgersi" mai al di sopra di un certo costo per clic, impostando un limite massimo di costo per clic da non superare per partecipare a un asta.

5.2.2 Cpc manuale

Questa strategia di offerta si potrebbe parafrasare così: "Sistema Google Ads, voglio il pieno controllo sull'offerta massima del costo per clic dell'intera campagna, compresi tutti i suoi dettagli".

Cosa significa: noi decidiamo la massima cifra che siamo disposti a pagare nel caso ricevessimo un clic. Con la cifra che stabiliamo noi, come massima, l'annuncio partecipa all'asta. Il Cpc massimo lo decidiamo noi e, in nessun caso, quel cpc massimo potrà essere superato (tranne in presenza di aggiustamenti di offerte)

Con questa strategia abbiamo il pieno controllo su quanto effettivamente siamo disposti a spendere come cpc massimo per ogni singolo gruppo di annunci, per una singola parola chiave o un singolo posizionamento di annuncio, nel caso della rete display.

Extra Bonus *Aggiustamento dell'offerta* **(ripetiamo)**

Con CPC MANUALE abbiamo la possibilità di gestire in maniera autonoma l'offerta e aggiustarla su ogni singolo dettaglio di targetizzazione, indicando al sistema, per esempio, che il nostro massimo costo per clic è 0,50 centesimi di base, ma se la persona che sta effettuando la ricerca ha un'età compresa tra i 25 e i 34 anni, allora quel 0,50 centesimi di base deve aumentare o diminuire di 20% (ovvero 0,10 centesimi) e quindi presentarsi all'asta con un cpc potenziale di 0,60 centesimi o 0,40 centesimi.

5.3 Le strategie per generare conversioni

Per la comprensione di questi algoritmi che fanno muovere le strategie di offerta, c'è una informazione alla base della loro logica che non si può ignorare. La domanda è: come fanno a capire quando un clic può generare una conversione?

La logica di questi algoritmi è molto semplice da comprendere. Si basa sui dati posseduti dallo storico delle conversioni e del sito internet sul quale atterrano i potenziali clienti e di tutte le impostazioni desiderate che abbiamo dato alle nostre campagne. Più dati abbiamo, migliore sarà il risultato (in teoria).

In brevissimo: quando un potenziale cliente effettua una ricerca o sta navigando in internet e incrocia una nostra campagna con una strategia di offerta automatica per generare conversioni, se la probabilità di ottenere una conversione è alta, gli algoritmi puntano di più per ottenere un ranking maggiore, se la probabilità di ottenere una conversione è bassa, non sciupano budget e puntano di meno.

Il Punto focale è: questa "probabilità" di ottenere una conversione da cosa è data?

Il famoso machine learning è il motore principale di questi algoritmi. Utilizzando un modello predittivo, che agli albori di Google Ads veniva indicato come "Conversion Optimizer Prediction Model", il quale studiava più di 200 segnali (tra i più semplici da digerire: sesso di chi ricerca, modello del dispositivo di ricerca, luogo di ricerca, ora di ricerca, età di chi ricerca ecc...), gli algoritmi automatici, prendendo in considerazione le informazioni del passato, aumentano o diminuisco la puntata per partecipare all'asta e tentare di vincerla o meno, seguendo la logica dell'algoritmo che stiamo utilizzando. Questo "machine learning" ha una fase di studio dei dati, che può variare da pochi giorni a un paio di settimane. Finita la fase di apprendimento inizia a lavorare in modo appropriato, **"non nel mentre che apprende"**.

Questa spiegazione semplificata dovrebbe far comprendere quanto le impostazioni a livello di conversione prendono un'importanza cruciale per il funzionamento di questi algoritmi. Una finestra di conversione ampia prende più dati da poter utilizzare. Un modello di attribuzione diverso da ultimo clic genera più informazioni da poter utilizzare. Ma è ovvio che tutte le impostazioni vanno valutate strategia per strategia, account per account, sito internet per sito internet.

5.3.1 Cpc ottimizzato

Questa strategia di offerta si potrebbe parafrasare così:" sistema Google Ads, aiutami a ottenere più conversioni (in quantità o di valore del venduto maggiore) sotto la mia supervisione".

Cosa significa: il sistema Google Ads, basandosi sui dati che ha a disposizione, tenterà di aumentare la quantità o il valore di conversioni rimanendo il più possibile vicino al cpc desiderato. Potrebbe benissimo puntare 3€ per costo per clic per ottenere una conversione, ma se abbiamo impostato un cpc di partenza massimo di 0,50 centesimi, la probabilità che lo faccia è bassa. La logica che lo guida è di mantenere il costo per clic medio della campagna nei limiti da noi impostati.

Con questa strategia abbiamo un controllo sul cpc medio e chiediamo al sistema di aiutarci a massimizzare le conversioni, mantenendo il costo per clic medio dentro una certa soglia. Non serve un periodo di apprendimento, ma si basa sui dati che possiede e le impostazioni manuali di aggiustamento dell'offerta che sono in essere nella campagna.

5.3.2 Massimizza le conversioni

Questa strategia di offerta si potrebbe parafrasare così: "sistema Google Ads, portami il maggior numero di conversioni possibile con il budget che ti ho dato a disposizione".

Cosa significa: il sistema, basandosi sullo storico dei dati dell'account, cercherà di usare tutto il budget disponibile per portare il maggior numero di conversioni possibili all'interno del budget che ha a disposizione. Se impostato male, troppo presto, senza dati storici, con un budget non adeguato al cambio (se prima del cambio, nella campagna c'era del budget inutilizzato, mettendo Massimizza le Conversioni, il sistema tenterà di usare tutto il budget e quindi il costo della campagna potrebbe raddoppiare senza che ce ne accorgiamo, in una questione di ore) i click possono arrivare ad avere un costo elevato e il budget giornaliero può essere consumato in poche ore senza risultati soddisfacenti. Fare molta attenzione.

Con questa strategia affidiamo all'intelligenza artificiale il compito di studiare i dati e scegliere quando è meglio puntare 4€ per ottenere un clic oppure puntare 0,30 centesimi. La parte vitale sarà la qualità dei dati che diamo all'algoritmo. Più dati di qualità facciamo trovare all'algoritmo, migliore sarà la risposta dell'algoritmo.

Il "buon senso" vorrebbe che all'interno della campagna ci fosse un numero di conversioni all'interno di 30 giorni superiore a 15, prima di valutare di passare la campagna a questa strategia di offerta automatica. Ma potete benissimo partire con questa strategia. Scegliete voi.

5.3.3 Target CPA/CPI (costo per acquisizione - costo per installazione app)

Questa strategia di offerta si potrebbe parafrasare così:" sistema Google Ads, portami conversioni con un costo orientativo target di X€"

Cosa significa: basandosi sui dati storici che sono all'interno dell'account e della campagna, con questa strategia di offerta chiediamo al sistema di avere, a fine mese, un costo per conversione che sia verosimilmente intorno a una cifra che decidiamo noi. Se abbiamo un budget di 6000€ al mese e chiediamo al sistema un CPA di 10€, stiamo dicendo al sistema di provare a farci avere 600 conversioni al mese di media.

La cifra che impostiamo deve essere verosimile, altrimenti si rischia che la campagna smetta di girare, poiché la richiesta è talmente inverosimile che l'algoritmo non riesce a trovare una sola asta che possa soddisfare la condizione impostata.

Con questa strategia, presumibilmente, stiamo chiedendo al sistema di generare conversioni a un costo che per il business, preso nel suo totale, ha senso. Se una maglietta quando è acquistata ha un profitto di 10€ e noi abbiamo speso per una conversione di acquisto 4€ su Google Ads (CPA di 4€), il nostro profitto reale è di 6€. Più si alza il CPA più il profitto diminuisce, fino a diventare negativo, in perdita. Se a monte ci sono stati dei calcoli per identificarlo, basandoci sui dati a disposizione, possiamo capire più o meno quanto questo CPA può essere verosimile e lavorare in quella direzione per raggiungerlo o migliorarlo.

La stessa logica vale per CPI che è disponibile con campagne di sponsorizzazione per APP.

Buon senso vuole che si abbiano almeno 30 conversioni nell'arco di 30 giorni prima di valutare d'impostare questa strategia di offerta automatica. Google non da nessuna indicazione al riguardo. Scegliete voi.

5.3.4 Target Roas - Massimizza il valore di conversione

Queste strategie di offerta si potrebbero parafrasare così: "sistema Google Ads, se io investo X su questa campagna, vorrei ottenere conversioni per un valore nX volte maggiore di quello che ho investito sulla campagna stessa."

Cosa significa: l'algoritmo proverà a restituire un valore di conversione, che sarà 3, 4, 5 volte maggiore di quanto si è speso per la campagna stessa. N volte è un numero che scegliamo noi. N è una percentuale dove, per esempio, il 200% (n) equivale a un ritorno sulla spesa pubblicitaria di 2€ se spendiamo 1€ e così via. Bisogna mantenersi sempre verosimili per non rischiare di mandare in stallo la campagna.

Con questa strategia ci si focalizza sul valore monetario finale e non sulla quantità di conversioni. L'algoritmo ragionerà con l'intenzione di ottenere un valore complessivo delle conversioni "X volte maggiore" di quanto abbiamo investito. Non Massimizza le Conversioni né le acquisisce a un costo da noi stabilito (CPA).

Usando una metafora: se fossimo un ristorante (attività, business) e ci fosse una persona che vi invita a entrare e mangiare in quel ristorante (Target Roas o Massimizza il Valore di conversione), quella persona metterebbe tutta la sua attenzione sul gruppo di quindici rugbisti affamati che sta arrivando e non sul riempire tre tavoli con tre coppie di fidanzatini che stanno passando in quel momento. Meglio un tavolo da quindici persone che tre tavoli da due persone.

5.4 Le strategie per far aumentare la notorietà del brand e visualizzazioni

La logica di base che governa queste strategie di offerta si sposta dal clic sull'annuncio alla visibilità dell'annuncio. Quindi, il budget verrà speso in funzione di un miglior posizionamento visibile dell'annuncio, che non significa automaticamente una maggior probabilità di essere cliccato, ma significa solo "una probabilità maggiore di essere visto e ricordato".

Esistono due sigle con due logiche di visualizzazione diversa.

1. **CPM (Costo per mille impressioni)**
2. **CPV (COSTO PER VISUALIZZAZIONE)**

5.4.1 vCPM & tCPM

La logica del CPM si basa sul concetto di annuncio visibile x mille persone.

L'annuncio visibile è un annuncio che si vede sullo schermo per almeno 1 secondo e per almeno il 50% del suo contenuto se è un immagine, oppure per almeno 2 secondi di riproduzione nel caso di un video.

Diciamo al sistema:

Recap visibilità:

Almeno 1 secondo e 50% di annuncio visualizzato (annunci con immagine)

Almeno 2 secondi di video riprodotto (annunci con video)

Quindi...

vCPM & tCPM si potrebbero parafrasare così: "sistema Google Ads, prova a spendere un budget orientativo di X€ ogni mille volte che il mio annuncio viene visualizzato".

Cosa significa: l'algoritmo cercherà di vincere le aste nel miglior modo possibile per raggiungere la visibilità dell'annuncio a un costo orientativamente uguale o inferiore a quanto gli abbiamo indicato.

Avendo applicazione solo nelle campagne display e video, ragionare in termini di visibilità dell'annuncio e non del clic casuale ha il suo perché quando effettivamente lo scopo è la divulgazione di un "messaggio spot", che non ha lo scopo primario di generare un'azione sul sito internet.

Per esempio, un'offerta natalizia di un negozio locale che ha bisogno di controllare i costi del suo volantino 2.0 e vuole generare consapevolezza (awareness) nel suo pubblico e non ha interesse ad invitarli a cliccare sulla pubblicità per completare una vendita sul sito internet. Vuole solo fargli sapere che c'è un'offerta.

5.4.2 CPV

La logica del CPV si basa sul concetto di annuncio visualizzato.

L'annuncio è visualizzato se viene visto per almeno 30 secondi o si vede tutto il video (se il video è di 17 secondi per esempio), oppure si interagisce con l'annuncio, nel senso che l'utente/cliente finale clicca qualcosa che fa parte dell'annuncio.

Recap visibilità:

Annuncio visto per 30 secondi

Annuncio visto per il 100% della sua durata, se inferiore a 30 secondi

Qualcosa che fa parte dell'annuncio viene cliccato

Quindi...

CPV si potrebbe parafrasare così: "sistema Google Ads, voglio il pieno controllo sull'offerta massima del costo per visualizzazione che sono disposto a spendere per ogni visualizzazione."

Cosa significa: l'algoritmo cercherà di vincere le aste nel miglior modo possibile per raggiungere la visualizzazione dell'annuncio a un costo orientativamente uguale o inferiore a quanto gli abbiamo indicato.

Tecnicamente è l'equivalente del cpc nelle campagne di ricerca. Nulla da aggiungere.
Non è automatica, quindi, quello che impostiamo è l'offerta massima. Siamo noi in controllo del costo per clic, in questo caso costo per visualizzazione.

5.4.3 Quota Impressioni Target

Quota Impressioni Target si potrebbe parafrasare così: "sistema Google Ads, ottimizza l'utilizzo del mio budget per vincere almeno X% d'impressioni possibili durante le aste".

Cosa significa: potendo scegliere la percentuale di volte che si vorrebbe apparire rispetto alla quantità di aste effettuate durante la giornata (esempio: ci sono 100 aste al giorno sulla parola chiave da noi scelta "Libertà". Noi chiediamo al sistema di provare a farci apparire il 50% delle volte che c'è un'asta. Quindi su 100 aste al giorno, noi vorremmo apparire 50 volte sullo schermo di un potenziale cliente), noi chiediamo al sistema di automatizzare le nostre puntate massime per vincere la % d'impressioni che desideriamo, scegliendo dove apparire:

- apparire sullo schermo
- apparire sullo schermo ma nella parte alta dello schermo
- apparire sullo schermo ma solo se in prima posizione

Va da sé che più alta è la parte dello schermo, più l'obiettivo che chiediamo all'algoritmo diventerà complicato da realizzare, e costoso.

Con una strategia impostata sulla logica di presenza sullo schermo rispetto alla quantità di volte che c'è un'asta, la forza dell'algoritmo potrebbe mostrarsi utile quando si deve difendere un termine a noi caro come quello del nome del brand per cui si sta utilizzando Google Ads***. Se "Libertà" è il nome della società che vende il prodotto o servizio che viene pubblicizzato su Google Ads e non vogliamo che i competitor di "Libertà" si piazzino sopra di noi su un'asta, potremmo utilizzare questa strategia. Quindi potremmo dire al sistema di Google Ads sulla campagna di ricerca basata sulla difesa del brand della nostra attività, che vorremmo apparire il 100% delle volte come quota impressioni, nella prima posizione della parte alta dello schermo, all'interno del budget che abbiamo impostato.

Ora, per evitare che un clic possa arrivare a costare 18€ per esempio, si può impostare un CPC massimo che la campagna deve tenere in considerazione per partecipare a un'asta.

Importante sarà riuscire a identificare un CPC massimo ideale, in modo da non limitare le impostazioni di % d'impressioni richieste. C'è comunque sempre un ranking da dover ottenere.

Per difendere la parola del proprio brand con una campagna basata unicamente su quella parola chiave, ci sono molte combinazioni d'impostazioni che si possono fare. Non necessariamente questa appena descritta

Mini Recap

Il sistema Google Ads ci permette di partecipare alle aste tramite una strategia di offerta che traduce le nostre richieste di "puntata" al sistema. Le richieste di puntata possono essere sotto il nostro totale controllo, ovvero manuali, oppure essere semi automatiche o totalmente automatizzate.

Possiamo avere tre grandi obiettivi principali quando puntiamo:

1. vogliamo più traffico e quindi più clic
2. vogliamo più clic di qualità che portano un potenziale cliente a compiere un'azione di conversione sul sito internet
3. vogliamo farci conoscere e ricordare

Questi macro obiettivi possono avere delle richieste da assolvere rispetto a un budget a disposizione per il Marketing e quanto deve tornare indietro in termini d'investimento monetario (ROI/ROAS) o brand.

Quindi, i tre grandi obiettivi hanno una serie di strategie di offerta diversificate per le diverse esigenze:

- avere un cpc uguale a quanto gli è stato indicato o inferiore,
- massimizzare l'uso del budget rispetto l'obiettivo
- stabilire un prezzo target sul quale il sistema Google Ads dovrebbe orientarsi per raggiungere l'obiettivo

Tutte queste strategie lavorano incastrandosi con il set up della campagna, dei gruppi di annunci, degli annunci stessi e con i dati presenti all'interno dell'account, come le conversioni.

Avere un set up di un certo tipo e impostarlo su una strategia di offerta piuttosto che su un'altra, fa molta, molta, ma molta differenza.

CAPITOLO 6
Le tipologie di campagna

Abbiamo visto che tutte queste impostazioni, i dettagli, gli annunci, il budget ecc...ecc... si impostano dentro "La campagna". Ma quale campagna?

Nel sistema Google Ads esistono diverse campagne.
Le campagne hanno tutte una loro caratteristica specifica che le rende più performanti per raggiungere questo o quell'obiettivo.

Le campagne comuni a tutti gli account presenti nel sistema Google Ads (ci sono altre campagne speciali, come per esempio la Campagna per Hotel ma non è comune a tutti gli account e per questo motivo non viene trattata come argomento), al momento che scrivo, sono le seguenti:

- Di Ricerca: annunci di testo nei risultati di ricerca **(rete di ricerca)**

* <u>Locale:</u> promuovi le tue sedi su molti canali **(rete di ricerca e display)**
* <u>Shopping:</u> schede di prodotto su Google **(rete di ricerca e display)**
* <u>Display:</u> annunci illustrati sui siti web **(rete display)**
* <u>Video:</u> annunci video su YouTube **(rete display)**
* <u>Discovery:</u> fai pubblicità all'interno dei feed online **(rete display)**
* <u>App:</u> promuovi la tua app su più canali **(rete display)**
* <u>Performance Max</u>: promuovi su tutte le reti **(rete di ricerca e display)**
* <u>Campagna Esperimento</u>: utile per testare ipotesi e modifiche sulle campagne esistenti **(rete di ricerca e display)**

6.1 La campagna di ricerca

La <u>campagna di ricerca</u> si basa sulle parole chiave (Capitolo 2) e gira sulla rete di ricerca. Gli annunci sono di solo testo con l'aggiunta delle estensioni dell'annuncio.

Può essere manualmente impostata in tutti i dettagli oppure si sceglie la <u>versione dinamica</u>, dove le parole chiave non devono essere scelte, ma solo escluse (parole chiave negative), e i titoli degli annunci che sono all'interno del gruppo di annunci dinamico saranno dinamicamente creati dal sistema Google Ads, come anche le pagine di atterraggio, che saranno scelte di volta in volta in base alla ricerca effettuata dal potenziale cliente.

La campagna dinamica, basandosi sulla SEO delle pagine che abbiamo indicato come la fonte delle parole chiave su cui orientarsi, dà al sistema Google Ads il potere di generare automaticamente i titoli degli annunci e scegliere automaticamente la pagina di atterraggio dove far atterrare il potenziale cliente. A tutto vantaggio del punteggio di qualità.

Se la SEO del sito internet è buona, preparatevi a ricevere sorprese dai gruppi di annunci dinamici. Quello che si può notare, a mio avviso, è che le parole SEO che non riescono a posizionarsi nelle prime pagine dei risultati di ricerca organica, ma che hanno un volume di traffico importante, danno voce alla loro forza con il budget della campagna e muovono il sito internet, portando traffico qualificato a visitare determinate pagine che altrimenti sarebbero poco visitate.

6.1.1 La tecnica migliore per organizzare una campagna di ricerca

Non ci sono tecniche migliori su come organizzare una campagna di ricerca. Ma con una buona base logica si possono creare dei veri gioielli.

La base logica di partenza, ricordando tutte le logiche viste fin qui (specialmente per il punteggio di qualità delle parole chiave, il magnetismo delle parole chiave e le parole chiave negative) è il creare gruppi di annunci con un set di parole chiave molto limitato nel numero e ovviamente estremamente simili tra loro, in modo da poter aumentare facilmente il punteggio di qualità.

Preferibile a un gruppo di annunci con 50 parole chiave tutte mischiate, anche secondo le buone pratiche di Google, è un gruppo di annunci che contiene solo poche, selezionate parole chiave semanticamente molto vicine tra loro.

Se le 50 parole chiave devono per forza far parte della strategia, sarebbe sensato racchiuderle in piccoli gruppi di annunci dentro una stessa campagna oppure in diverse campagne con un solo gruppo di annunci alla volta, per aver maggior controllo sul budget.

Entrambe le soluzioni possono avere degli svantaggi, quindi "pesare" la quantità di gruppi di annunci e parole chiave attive all'interno di una campagna, potrebbe essere la chiave di volta per un set up fatto bene.

Per esempio, quando si ha una campagna da 100€ al giorno con 5 diversi gruppi di annunci, con 3 parole chiave per annuncio, ci sono potenzialmente 15 parole chiave che possono accedere all'utilizzo del budget per partecipare a un'asta.

Se il volume di ricerca di una parola chiave per qualche ragione quel giorno è incredibilmente alto, potrebbe da sola consumare tutto il budget della campagna, lasciando le altre 14 parole chiave, e quindi gli altri 4 gruppi di annunci rimanenti, senza traffico.

Questa cosa potrebbe accadere sempre, tutti i giorni, lasciando potenzialmente delle parole chiave inesplorate.

Alle volte, quindi, c'è un effettivo vantaggio nell'impostare una campagna con un singolo gruppo di annunci: il gruppo di annunci con quel set di parole chiave non condivide budget con nessuno, ed ha la certezza al 100% di poter partecipare alle aste senza impedimenti, poiché, all'occorrenza, avrà budget a disposizione.

In questo set up, lo svantaggio è che i gruppi di annunci a campagna singola vanno bilanciati, tenendo in considerazione il volume di ricerca mensile delle parole chiave che sono all'interno del gruppo di annunci, con il budget a disposizione e lo scopo della campagna. Si può incorrere in una insufficienza di dati utili per gli algoritmi delle strategie di offerta, e anche per noi, nel momento in cui dobbiamo studiare i dati prendere delle decisioni (budget piccoli possono avere questa problematica molto spesso).

Bisognerebbe mettersi nella condizione iniziale più probabile (fare il set up della campagna) per ottenere una quantità di clic minima tale da poter sviluppare (per la campagna stessa con il budget a disposizione, assumendo un tasso di conversione al X% e tenendo in considerazione il cpc medio delle parole chiave scelte), potenzialmente, abbastanza conversioni nell'arco di 30 giorni per poter impostare Massimizza le Conversioni, per esempio, o comunque creare una massa di dati tale che possa essere utilizzabile per prendere decisioni future.

Esistono strumenti interni alla piattaforma di Google Ads che possono aiutarci a pianificare i nostri gruppi di annunci, come il keyword planner o strumento di pianificazione delle parole chiave (vediamo brevemente più avanti)

Non è semplicissimo. Ci vuole studio, pratica e occhio.

6.2 La campagna locale

La campagna locale è subordinata all'apertura di un account di Google My Business (al momento chiamato Google My Business) e al collegamento di questo account con l'account di Google Ads. Google My business permette di essere collocati sulla mappa di Google Map assegnando all'attività un luogo fisico preciso.

Partendo dall'informazione presente su Google My Business, gli annunci tenderanno a mostrarsi in un raggio di azione calcolato con parametri non conosciuti, ma che prendono in considerazione, per esempio, la probabilità che quell'utente/cliente finale possa guidare o camminare fino al negozio in quel momento o in un futuro prossimo, od anche chiamare ed interagire con la pagina di Google My Business. Nei casi di ristoranti e pizzerie, non c'è dubbio che questa tipologia di campagna è un dovere assoluto, ma anche qualsiasi attività che ha un negozio fisico.

6.3 La campagna Shopping

La campagna Shopping è subordinata all'apertura di un Merchant Center, alla creazione di un Feed (contenitore di prodotti con le specifiche dei prodotti come nomi, link, prezzi, immagini ecc..) e al collegamento con l'account di Google Ads. Il Merchant Center permette di caricare al suo interno tutti i dettagli dei prodotti che si trovano sul negozio online rendendoli digeribili per il sistema Google Ads per una successiva sponsorizzazione.Non entriamo nello specifico del Merchant Center, ma brevemente:

"nel Merchat Center avviene l'ottimizzazione delle parole chiave dei prodotti e l'incrocio tra termine di ricerca del potenziale cliente e prodotto che verrà scelto per apparire nella sponsorizzata. Se il feed è fatto bene, la categorizzazione dei prodotti, i titoli (che hanno il peso più alto rispetto al termine di ricerca del potenziale cliente), le descrizioni e, in ultimo, l'indicizzazione delle pagine sono fatte con criterio sul sito internet, non dovrebbero riscontrarsi problemi nelle campagne shopping. Assicuratevi sempre che tutti i prodotti siano approvati nel Merchant Center e

che la maggior parte delle colonne non obbligatorie siano riempite con i dati appropriati. Maggiore la quantità e qualità delle informazioni che Google ha a sua disposizione per inquadrare il prodotto, migliore sarà la sua risposta nell'incrociare la domanda del potenziale cliente con il prodotto che verrà sponsorizzato. Per le pratiche migliori su come ottimizzare il feed dei prodotti in merchant center la pagina del supporto è un buon punto di partenza."

Torniamo alla campagna Shopping. La campagna Shopping può essere impostata manualmente, con una profondità di scelta dei dettagli ampia e sotto il nostro controllo, impostando le parole chiave negative, avendo capacità di visionare i termini di ricerca che attivano le campagne e la possibilità di utilizzare una strategia di offerta manuale, oppure lasciata sotto la supervisione dell'intelligenza artificiale che deciderà in maniera autonoma chi deve vedere la pubblicità, quando, dove, su quale dispositivo ecc...

Quindi abbiamo due tipi di campagna shopping:

- Campagna Shopping Manuale (Standard)
- Campagna Shopping Intelligente (Smart)

Le ottimizzazioni generali che valgono per tutte e due le campagne shopping sono semplici da definire: dividere i gruppi di prodotti (equivalente di gruppo di annunci) secondo una logica. Quale logica?

La logica dei gruppi di prodotti delle campagne shopping può variare, ma segue a grandi linee la logica di una campagna di ricerca.

Si può creare un'unica campagna con diversi gruppi di prodotti divisi secondo le nostre esigenze, che condividono il budget: più venduti, roi, categoria, prezzo, colore, sesso, ecc...

Oppure una singola campagna con un solo gruppo di prodotti che ha a disposizione un budget tutto per sé.

Anche fare di tutti i prodotti un unico gruppo di prodotti, nelle campagne shopping non è un errore. Importante rimane l'acquisizione dei dati, lo studio dei dati e conseguente miglioramento delle campagne shopping.

6.3.1 La Campagna Shopping Manuale

Per la Campagna Shopping Manuale abbiamo un paio di set up semplici e interessanti che si possono provare. Come per la campagna di ricerca, con la strategia di offerta cpc manuale possiamo scegliere il cpc massimo per singolo prodotto, applicare i vari aggiustamenti di offerta tra età, genere, orari, giorni della settimana, dispositivi e segmenti di pubblico (se abbiamo già alcuni dati su cui basare il set up, possiamo utilizzarli) fino alla scelta di priorità di asta tra due o più campagne shopping che possiedono diverse impostazioni, ma stanno pubblicizzando gli stessi prodotti nelle stesse località. Al momento che scrivo esistono 3 priorità:

- Bassa
- Media
- Alta

Scegliendone una stiamo dicendo al sistema Google Ads, dove sussistono due campagne che hanno come target lo stesso paese e lo stesso prodotto, quale campagna prendere in considerazione per prima, fino a esaurimento budget.

Alta andrà per prima, Media per seconda e Bassa partirà per ultima. Non è importante chi possiede l'offerta più alta al momento dell'asta.

Come "giocare" con le priorità va approfondito caso per caso. Si deve tenere in considerazione il fatto che un budget a priorità Alta, di tanto in tanto, "salterà" qualche asta, per distribuire il budget lungo il suo arco temporale e se non ha esaurito il budget, di norma, nessun'altra campagna parteciperà.

A parità di priorità, invece, parteciperà la campagna con l'offerta più alta.

Avere tre campagne uguali con stessa priorità, ma offerte differenti, potrebbe dare una copertura maggiore, poiché una strategia di offerta diversa per ogni campagna si comporta, lungo lo stesso arco temporale, in modo diverso, permettendo di coprire più "spazio" nello stesso arco temporale.

Ma, ripeto, le impostazioni e combinazioni possono essere diverse e comportarsi diversamente, da account ad account. Questione di logica, test e, chiaramente, budget.

6.3.2 La Campagna Shopping Intelligente

Il set up appropriato di una Campagna Shopping Intelligente, dopo aver ottimizzato il feed nel merchant center, riguarda la creazione di liste di remarketing di qualità, oltre alle possibilità brevemente viste prima. La logica delle campagne shopping intelligenti è basata sull'incrocio del pubblico presente nelle liste di remarketing e ovviamente i dati delle azioni di conversione che scegliamo come obiettivo per la campagna, così da ottimizzare il traffico in modo intelligente (secondo Google).

Il tag di remarketing base e il tag di remarketing dinamico sono fondamentali per questo tipo di campagna, oltre alle conversioni ben settate e funzionanti.

6.4 La Campagna Display

Anche per la Campagna Display troviamo una possibilità manuale o una possibilità intelligente (Smart Display).

6.4.1 La Smart Display

La Smart Display è automatizzata, e prende in considerazione tutte le liste di remarketing a disposizione nella libreria condivisa (la zona dell'account dove sono raggruppate tutte le liste di remarketing, per intenderci) dell'account. Come succede con una campagna shopping intelligente, avere i tag di remarketing e di remarketing dinamico impostati sul sito internet e le conversioni propriamente settate, fa si che la Smart Display possa orientarsi al meglio. In più, il sito internet di riferimento e l'obiettivo che gli viene dato in fase di preparazione aiutano la Smart Display a orientare il suo budget su un pubblico che, secondo Google, ha più probabilità di convertire.

Con questi elementi, la combinazione tra la scelta di target basata su posizionamenti, argomenti, parole chiave o segmenti di pubblico, viene lasciata all'ottimizzazione autonoma della campagna.

Viene sponsorizzata dalle pagine del supporto di Google come la panacea delle campagne display. Mentre può essere ottima quando si hanno ampi budget a disposizione, per account con budget limitati, e quindi business meno famosi o con meno potenza di fuoco, la scelta di Campagne Smart Display potrebbe non essere una scelta adeguata.

6.4.2 La Campagna Display Manuale

La Campagna Display Manuale, a mio avviso, potrebbe risultare più efficace su account con budget limitati, sia per una dinamica di analisi dei dati, sia per un controllo maggiore della spesa del budget su canali primari e su un pubblico target di riferimento specificato da noi, raggiungibile con chiarezza.

La Campagna Display Manuale, si distingue per il "come decidiamo di raggiungere il nostro pubblico target".

Come visto nel capitolo 2, per le campagne che girano sulla rete display, sono disponibili diverse metodologie di targeting. Possiamo utilizzare un metodo che posiziona le nostre pubblicità su determinati spazi che trattano specifici argomenti (Targeting Contestuale), posizionarci solo su spazi che contengono specifiche parole chiave (Parole Chiave display), raggiungere gruppi di potenziali clienti che fanno parte di alcuni segmenti di comportamento online (Segmento di Pubblico), alcuni più solidi e sedimentati nelle abitudini, altri momentanei e legati ad alcuni specifici eventi o status, come l'essere genitore di un bambino di età compresa tra 0 e 3 anni o studiare all'università.

Ma quale è la logica che bisogna seguire per il set up adeguato di una Campagna Display Manuale?

Prima di tutto bisogna introdurre un concetto importantissimo per quanto riguarda tutto quello che è il targetizzare: la differenza tra Targeting e Osservazione.

La non comprensione di questa differenza può bloccare le campagne (sia display che di ricerca) e non farle "girare" oppure far spendere il budget in una direzione non voluta.

Per capire la differenza, riprendiamo brevemente le due macro aree con le quali possiamo "giocare" per targetizzare i potenziali clienti nelle campagne display:

- *Data l'appartenenza a un segmento di pubblico del potenziale cliente, allora fai partecipare l'annuncio all'asta*

  - Affinità
  - Dati demografici Dettagliati
  - In-Market & Eventi importanti nella vita
  - I tuoi segmenti di dati
  - I segmenti di pubblico personalizzati e combinati

- *Data la presenza del potenziale cliente su un contenuto che tratta argomenti scelti in precedenza o siti che contengono determinate parole chiave, app o canali YouTube specifici indicati in precedenza, allora fai partecipare l'annuncio all'asta.*

Per capire la differenza tra Targeting e Osservazione, bisogna comprendere che la possibilità d'intersecare i due macro metodi è praticamente infinita.

Targeting ragiona secondo una logica inclusiva "E", ovvero tutte le condizioni che indico devono coesistere, essere presenti contemporaneamente.

In una logica con impostazione Targeting, il potenziale cliente, per fare un esempio, deve appartenere al segmento di pubblico X, "E", deve essere su una pagina dal contenuto della categoria Y, "E", la pagina deve contenere la parole chiave "Z".

Quando tutte le condizioni si avverano, allora la nostra campagna lascia partecipare l'annuncio all'asta. Capite subito che questo mix può essere perfetto per ottenere precisione chirurgica, ma può, al contempo, restringere il campo di copertura talmente tanto da non lasciar camminare la campagna. Il sistema Google Ads fa quello che gli diciamo, se gli chiediamo una tipologia di pubblico a certe condizioni che raramente si presenta, il sistema Google Ads raramente potrà partecipare a un'asta.

Osservazione ragiona seguendo la condizione logica di "oppure", in altre parole o questo o quello

"O": il potenziale cliente deve appartenere al segmento di pubblico X, "O", deve essere su una pagina dal contenuto della categoria Y, "O", la pagina deve contenere la parole chiave "Z".

Quando una sola delle condizioni si avvera, allora la nostra campagna lascia partecipare l'annuncio all'asta. Si comprende che la possibilità di "fare presenza" si alza drasticamente, perché le condizioni da noi scelte non devono esistere contemporaneamente nel comportamento online del potenziale cliente, ne basta una.

Quindi...

Compresa questa differenza ci troviamo davanti un'ampia gamma di possibilità di fronte a noi.

Affrontiamo la logica sottostante alle varie possibilità e vediamo quando utilizzare una tipologia o un'altra tipologia di target in una campagna display.

"Spoiler: queste logiche, non sono le uniche valide in maniera assoluta, ma valgono, a grandi linee, su tutte le campagne che girano sulla rete display"

Abbiamo già visto i vari segmenti di pubblico e posizionamenti come si comportano (Capitolo 2), quale potenziale cliente vanno a raggiungere e come lo raggiungono. Riformulo nuovamente con altre parole.

6.4.2.1 Affinità

Il segmento di pubblico Affinità, ricordiamo, sono potenziali clienti con comprovate abitudini online. Avendo la certezza di un certo tipo di "usi e costumi" del potenziale cliente, scegliere questo metodo di targeting potrebbe essere perfetto quando si vuole promuovere il proprio brand, sponsorizzarlo a una categoria ben definita di pubblico che, molto probabilmente, magari non nell'immediato, avrà bisogno dei prodotti o servizi venduti dal sito internet che si sponsorizza. In una parola: "Brand".

6.4.2.2 Dati demografici Dettagliati

Il segmento di pubblico Dati demografici Dettagliati, ricordiamo, sono potenziali clienti che fanno parte di uno "status identificativo" che li accomuna in una determinata categoria d'individui, come sono i neo genitori o gli studenti universitari. Questa scelta di target potrebbe essere presa in considerazione sia per fare brand, con la logica del "prima o poi ti serviranno i prodotti/servizi offerti dal sito internet sponsorizzato", sia per presentarsi con un'offerta "irripetibile", da acquistare subito. Se si vendono pannolini, possiamo stare certi che il potenziale cliente "neo genitore" non deve essere persuaso all'acquisto di pannolini o a comprare un 3X2. Certamente sarà interessato!

6.4.2.3 In-Market & Eventi importanti nella vita

I segmenti di pubblico In-Market & Eventi importanti nella vita, ricordiamo, sono potenziali clienti che stanno deviando dalla loro normale abitudine comportamentale e sono in uno stato di valutazione/acquisto di un prodotto o servizio. Se dovete fare brand, potrebbe non essere il posto adatto dove guardare. Se volete proporre offerte, inviti all'acquisto, al contatto, queste due sezioni potrebbero fare al caso vostro. C'è da dire che il tempismo di questi segmenti può non essere perfetto, forse il potenziale cliente ha già comprato e sta uscendo da questi comportamenti anomali online orientati fortemente verso un obiettivo.

6.4.2.4 I tuoi segmenti di dati

I tuoi segmenti di dati, ricordiamo, sono potenziali clienti che già hanno interagito con il sito internet o che sono *simili nel loro comportamento online a utenti che hanno già interagito* con il sito internet pubblicizzato, *ma che non sono mai atterrati* sul sito pubblicizzato.

In breve, questi segmenti di pubblico dovrebbero servire per fare remarketing, che può essere su pubblico caldo, quindi che ha già interagito, o su pubblico freddo, quindi un gruppo simile al gruppo caldo, ma che ancora non conosce il sito pubblicizzato.

Se a monte c'è stato un lavoro di "creazione liste" rispetto azioni importanti o comportamenti specifici effettuati sul sito internet, racchiusi dentro una lista (la famosa lista remarketing), allora abbiamo la possibilità di utilizzare i dati contenuti in questa lista con cognizione di causa. La lista principale creata di default è "Tutti gli utenti": chiunque sia entrato nel sito internet almeno una volta.

La creazione della lista può essere molto creativa e il suo utilizzo dipende sempre dalla quantità dei dati che si hanno a disposizione o che si possono raccogliere in un determinato arco temporale e che vengono catturati dalla lista. Dico questo perché per utilizzare queste liste, che possono essere create sia all'interno di Google Ads che da Google Analytics e importate in Google Ads, il sistema di Google Ads necessita di un minimo di 100 cookies per lista, al fine di poterla utilizzare.

I 100 cookies sono il minimo sindacale per la rete display, che si alza a 1000 cookies quando vogliamo usare queste liste in combinazione con una Campagna di Ricerca o una Shopping o una YouTube.

Queste liste, create ad hoc o create automaticamente dal sistema, hanno lo scopo di presentare la pubblicità, anche o esclusivamente, alle persone appartenenti a quella lista.

Le liste principali che si possono creare, quelle canoniche, sono legate al mancato compimento di un obiettivo o al raggiungimento di un obiettivo (conversione?), con la creazione di un annuncio ad hoc per l'occasione.

Per fare un esempio, c'è una lista di clienti che ha aggiunto qualcosa al carrello di un e-commerce, ha iniziato a inserire i dati della spedizione, ma per qualche motivo non ha completato l'acquisto. Se siamo ben organizzati sicuramente sarà scattata una email di recupero carrello abbandonato, ma perché limitarsi a quella email? Con l'utilizzo di questa lista possiamo creare una campagna apposita per loro, con un annuncio che propone uno sconto del 5% ulteriore se completano l'acquisto.

Una volta completato l'acquisto, se abbiamo fatto i compiti a casa, l'utente entrerà di diritto nella lista di tutti quelli che hanno acquistato (ecco un'altra lista da preparare, che non può mancare), la quale potrebbe benissimo essere utilizzata in versione esclusione dal target della pubblicità (un po' come per le parole chiave negative, anche per le liste di segmenti di pubblico esiste la possibilità di escludere alla vista di un determinato pubblico la nostra pubblicità), ottenendo l'effetto di massimizzare il budget della campagna solo su quelle persone che effettivamente non hanno raggiunto ancora l'acquisto o che non acquisteranno più almeno per qualche settimana.

E così via, ragionando sulle necessità. Si potrebbero creare delle liste specifiche analizzando quale è il traffico che converte meglio e utilizzare, per delle campagne ad hoc, le liste che si creano automaticamente di pubblico simile (pubblico freddo), così da poter andare in target, senza grossi sforzi, su persone che, potenzialmente, assomigliano a persone che hanno fatto un acquisto sul sito internet che stiamo pubblicizzando.

La bellezza delle liste sta nella logica che viene applicata nel crearle. La logica, tolte quelle di default basate sulle azioni di conversioni note per il settore e-commerce e lead generation, dovrebbe essere basata sui dati dei comportamenti dei potenziali clienti sul sito internet di riferimento.

Quali sono le domande da porsi per generare delle liste di remarketing che hanno senso, in modo da guidare la ricerca del dato giusto da analizzare?

Le domande di base da farsi quando si analizzano i dati non hanno nulla di segreto.
Sono risapute da tempo e messe nero su bianco sui libri di giornalismo:

- Chi?
- Cosa?
- Dove?
- Come?
- Quando?
- Perché?

Qui non c'è nulla che si possa insegnare. Dipende tutto da voi e dalla vostra capacità di comprendere quello che leggete e dalla capacità di connettere i dati scoprendone le relazioni. Fatevi domande e cercate le risposte all'interno di Google Ads o altri strumenti di analisi, è l'unico consiglio che posso suggerire.

6.4.2.5 I segmenti di pubblico personalizzati e combinati

I segmenti di pubblico personalizzati, ricordiamo, sono potenziali clienti con caratteristiche di ricerca e comportamenti online che specifichiamo noi al sistema Google Ads, chiedendo di raggrupparli in un Segmento di pubblico personalizzato.

Questi gruppi possono essere combinati fra loro seguendo la logica "E" o "O", vista prima.

Se ben utilizzati sono perfetti per incrociare un segmento di pubblico specifico per le nostre esigenze e creare qualcosa che non possiamo trovare preconfigurato nel sistema Google Ads.

Le combinazioni e i segmenti di pubblico personalizzati, non fanno altro che rendere il controllo della pubblicazione degli annunci più specifica e nota a noi che li creiamo, colmando assenze che ancora non sono state colmate dal sistema.

Se si riesce a rispondere bene alle domande giornalistiche di base che abbiamo visto prima, questi segmenti sono il top della gamma che si ha a disposizione nel sistema Google Ads.

6.4.2.6 Target Contestuale

Quando invece decidiamo di usufruire di una targetizzazione basata sulla "presenza del potenziale cliente su un determinato contenuto", la logica è estremamente più semplice da comprendere.

Andando a **target per Argomenti** ci si accosta alla logica del brand. Fare Brand nel più ampio senso del termine. Posizioniamo il marchio del sito web su siti internet che parlano di determinati argomenti che sono racchiusi e categorizzati come siti internet del genere X,Y, Z. Se il sito vende prodotti alimentari si potrebbe andare in target su tutti i siti internet che trattano l'argomento cibo.

Andando in **target per Posizionamenti** ci si accosta alla logica del brand con una nota più simile al concetto di segmento di pubblico in-market visto in precedenza: un potenziale cliente consapevole. Un brand fatto con la consapevolezza di avere un pubblico fortemente in target, che se non oggi, un domani potrebbe valutare di comprare qualche prodotto o di avvalersi del servizio che si sta sponsorizzando.

Un po' come promuovere la vendita di guantoni da boxe (prodotto pubblicizzato) in una palestra di pugilato (posizionamento).

Infine, andando in **target per Parole Chiave**, vuol dire fare presenza su spazi che contengono determinate parole che abbiamo scelto. Possiamo stabilire un percorso con una logica SEO: dalla fase di scoperta, ricerca e considerazione, fino alla fase di acquisto.

Se ben organizzate questo metodo potrebbe ottenere buoni risultati. Per esempio, il sito che vogliamo pubblic.

La logica è semplice…è la messa in opera che prende tempo!

6.5 La campagna Video

La Campagna Video è Youtube! Più i siti web e app in esecuzione sui partner video di Google. Normalmente all'inizio del Video (perché sembrerebbe che inserire pubblicità nel mezzo di qualsiasi video interrompe il flusso dell'utente e porta alla chiusura di YouTube stesso, ovvero l'utente usce dal "social" e smette di consumare contenuti e visionare pubblicità), vengono piazzati dei mini video da 6 o 15 secondi impossibili da saltare, oppure formati video di diversa lunghezza che possono essere saltati dopo qualche secondo di visualizzazione.

Ricordando che la campagna video fa parte della rete display, agite di conseguenza. Youtube è una questione di budget probabilmente. Quanti video avete a disposizione? Quanti messaggi? Per quanto tempo potete sponsorizzarli? Per quale bacino di utenza?

La grande differenza nelle campagne Video si potrebbe delineare nella scelta dell'annuncio. All'interno degli annunci di una campagna video avete una continua evoluzione di possibili strutture, che consiglio vivamente di apprendere dal vivo. Ma la logica di base si potrebbe dividere in:

- Annuncio video ignorabili (tempo del video illimitato)
- Annuncio video non ignorabili (da 6 a 15 secondi)

Annunci **video ignorabili**: copy adatti al messaggio che si vuole trasmettere. Se volete risparmiare qualcosa e avere visualizzazioni gratuite fateli più lunghi di 29 secondi (ad oggi, se qualcuno lo ignora prima di 29 secondi la visualizzazione è gratuita).

Annuncio **video non ignorabile**: brand, puro e semplice.

Queste due macro tipologie si dividono a loro volta in:

- Annunci video con invito all'azione
- Annunci video senza invito all'azione

Annunci **video con invito all'azione**: hanno un invito all'azione chiaro o vengono accompagnati da carrellate di feed shopping e altre dinamiche in continua evoluzione.

Annunci **video senza invito all'azione**: video puri e semplici, modello base, senza "cerchi in lega".

Tutto quello che rimane da fare è legato a creatività, logica del targeting delle campagne che girano sulla rete display, configurazione del messaggio e soldi per produrre video.

6.6 La campagna Discovery

La campagna Discovery (attualmente ha subito un upgrade, seguendo il link troverete le leggere modifiche apportate) fa parte anche lei della rete display. Ha la particolarità di posizionarsi automaticamente sui feed della Homepage di YouTube e di Che cosa guardare dopo, sulle schede Promozioni e Social di Gmail e su Discover. Sulla carta, una campagna molto potente.

Seguendo la logica dei segmenti di pubblico visti in precedenza per andare in target con questa campagna, la potenza della Discovery si trova nella superiore qualità degli annunci.

Per vederla convertire potrebbero servire budget non piccolini, come consigliato nelle schede: "almeno 10 volte il budget del Costo per Conversione (se noto è meglio)". La conversione viene scelta mentre impostiamo la campagna, dando uno scopo ben definito sin dall'inizio.

Se siete un e-commerce con budget non importante, per ottimizzare l'uso di questa campagna e relative conversioni, potrebbe essere una soluzione optare per conversioni minori come aggiunta al carrello o in linea generale scegliere una conversione che ha una frequenza alta sul sito internet che si sta pubblicizzando e che abbia senso ai fini della vendita.

6.7 La campagna APP

La campagna APP potrebbe essere definita come "la campagna più automatica che c'è". Collegare l'account di Google Ads all'account di Google Play, collegare e impostare le conversioni tramite Firebase (o altro metodo), decidere quale sia lo scopo della campagna per App tra installa, compiere un'azione in app o altro e mettere in forno a 180 gradi per 30 minuti. Fate riposare.

Se volete promuovere una App questa potrebbe essere la campagna giusta.

6.8 La campagna Performance Max

La campagna Performance Max è l'ultima arrivata in casa Google Ads. Da affiancare, come consigliato da Google stesso, alle campagne di ricerca. Il budget dovrebbe essere "importante". Non provate a lanciarla senza una copertura giornaliera adeguata: la campagna ha la caratteristica di ottimizzarsi ed essere presente su tutti i canali di Google, compresa la rete di ricerca. Immaginate di utilizzarla con un budget piccolo: non potrebbe acquisire i dati sufficienti, provando combinazioni e posizionamenti.

Se l'account ha già dati buoni, potrebbe essere un'ottima aggiunta.

6.9 La campagna Esperimento

La campagna Esperimento permette di dividere il budget di una campagna già attiva e dedicare quel budget ad una copia "esperimento" di quella stessa campagna. Nella copia esperimento, alla quale verrà veicolato un certo tipo di pubblico e una certa quantità di budget preso dalla campagna originale (si decide in fase d'impostazione), possiamo applicare delle modifiche e vedere come queste modifiche si comportano dentro la campagna esperimento. Alla fine dell'esperimento, possiamo valutare i risultati e scegliere di applicare le modifiche testate o non applicarle.

Qualsiasi modifica importante si volesse apportare, dovrebbe prima essere testata.
Ricordando come funzionano gli algoritmi, dare un tempo e un budget adeguato.

CAPITOLO 7

Le metriche da cui partire per iniziare l'ottimizzazione delle campagne

Conclusa la logica del sistema Google Ads, c'è poi un passaggio molto importante, tanto importante quanto la logica di Google Ads stessa: "l'interpretazione dei dati al fine di apportare modifiche e ottimizzare o scalare un account".

Il Sistema Google Ads, come quello di Google Analytics (che è un "quasi indispensabile" elemento per l'analisi dei dati, offerto gratuitamente da Google), è pieno zeppo d'informazioni, colonne da visionare, interpretare, incrociare.

I click e le impressioni, come dati, non hanno nessun valore pratico se non convertono, tanto meno il CTR, che è una metrica importante per il costo effettivo del click e il ranking, certamente, ma avere il 50% di CTR e non fare nessuna vendita risulterà un dato poco utile per capire cosa sta effettivamente succedendo.

Quindi, quali sono questi dati, queste metriche base da studiare oltre a Impressioni, CTR, Clic e CPC?

Elencarle tutte non avrebbe nessun senso, duplicherebbe il numero di pagine di questo libro e avrebbe l'unico merito di creare nausea.

Ribadendo lo scopo di questo libro, ovvero semplificare le basi e i concetti per dare un punto solido di partenza per orientarsi meglio nel caos d'informazioni e link, partiamo da alcune importanti metriche che potreste prendere in considerazione. Passo dopo passo, avrete modo di scoprirne di altre, dipendendo dalle vostre esigenze.

7.1 Come si leggono i dati?

Qui iniziamo a muoverci tra concetti complessi. Per semplificare al massimo, il trucco sta nel capire come interpretare un valore alto di un dato oppure un valore basso di un dato.

La domanda di base quando si legge una percentuale o un qualsiasi dato è: va migliorato?

"Tutto è migliorabile", ma bisogna capire se ha senso impiegare soldi ed energie per migliorarlo, quale priorità ha ecc... È un processo di presa decisionale, il famoso "decision making".

All'interno dell'account di Google Ads, posizionandoci sulla sezione "campagna" e/o "gruppo di annunci" e/o su "annunci ed estensioni" o "parole chiave", al momento, potete trovare un'icona con scritto "Colonne". Dentro "Colonne" c'è il mondo delle metriche.

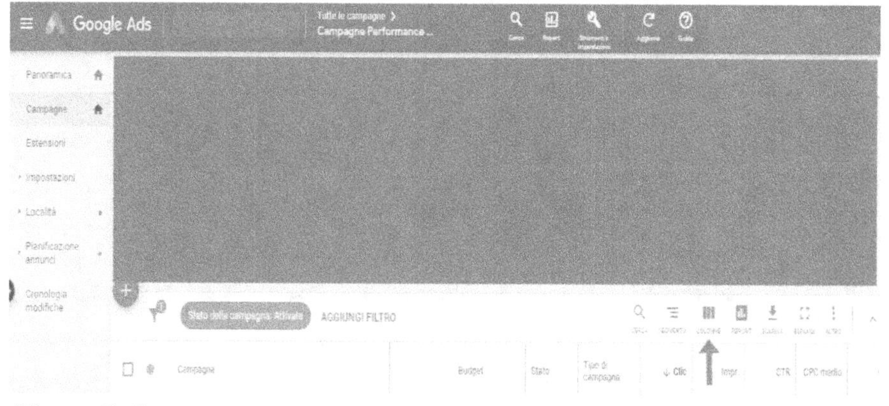

(Figura 7.1)

7.2 Metriche LIVELLO Gruppo di Annunci

A livello di Gruppo di Annunci, il consiglio che posso dare, quando c'è da capire "la prossima mossa", la base di partenza è studiare le colonne che si trovano dentro "metriche concorrenza".

Lo studio di queste metriche, specialmente nelle campagne sulla rete di ricerca, ci fa comprendere se le nostre impostazioni stanno dando agli annunci del gruppo di annunci una visibilità adeguata, se il budget è adeguato e in che misura stiamo perdendo impressioni o potenziali clic rispetto alle impostazioni che abbiamo.

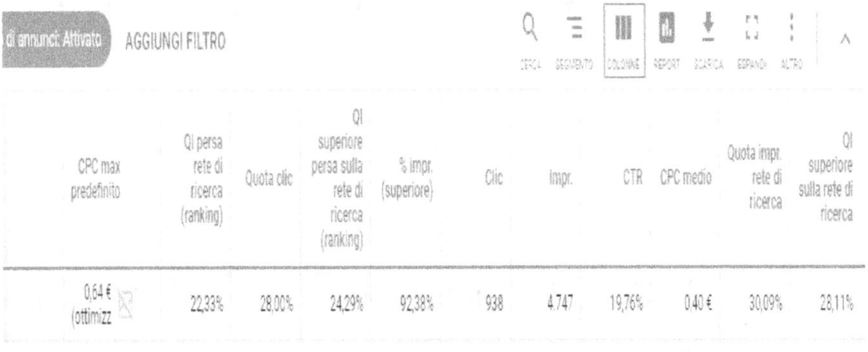

CPC max predefinito	QI persa rete di ricerca (ranking)	Quota clic	QI superiore persa sulla rete di ricerca (ranking)	% impr. (superiore)	Clic	Impr.	CTR	CPC medio	Quota impr. rete di ricerca	QI superiore sulla rete di ricerca
0,64 € (ottimizz	22,33%	28,00%	24,29%	92,38%	938	4.747	19,76%	0,40 €	30,09%	28,11%

(Figura 7.2)

Per avere un quadro più o meno chiaro, il consiglio che mi sento di dare è d'iniziare scegliendo queste metriche da aggiungere nelle colonne del gruppo di annunci:

- Quota impressioni persa sulla rete di ricerca (ranking)
- Quota clic
- Quota impressioni superiore persa sulla rete di ricerca (ranking)
- Quota impressioni sulla rete di ricerca
- Quota impressioni superiore sulla rete di ricerca

Vediamole singolarmente, partendo dalla definizione canonica offerta dal sistema Google Ads e con l'aggiunta della lettura da dare se la percentuale è alta o bassa.

7.2.1 La "quota impressioni persa sulla rete di ricerca (ranking)"

La "quota impressioni persa sulla rete di ricerca (ranking)" rappresenta una stima della frequenza con cui il tuo annuncio non è stato pubblicato sulla rete di ricerca a causa di un ranking dell'annuncio insufficiente.

Quindi più la % è **alta**, più bisognerebbe capire dove si trova il problema del ranking dell'annuncio, se questo problema è legato alla qualità oppure al cpc che viene offerto, in base alle parole chiave che il gruppo di annunci contiene. In questa metrica si parla generalmente della possibilità di apparire, di avere una impressione.

Quante parole chiave ci sono nel gruppo di annunci? Dove atterrano? ecc... ecc...

7.2.2 La "quota clic"

La "quota clic" indica il numero di clic ricevuti sulla rete di ricerca diviso per il numero massimo stimato di clic che avresti potuto ricevere.

Quindi più la % è **bassa,** più bisognerebbe valutare se la perdita di clic possibili è legata a un fattore di ranking oppure a una questione di budget potenzialmente aumentabile, che dia la possibilità di alzare il cpc massimo o durare di più ed essere più competitivo e quindi alzare potenzialmente la quota clic.

7.2.3 La "quota impressioni superiore persa sulla rete di ricerca (ranking)"

La "quota impressioni superiore persa sulla rete di ricerca (ranking)" indica una stima della frequenza con cui il tuo annuncio non è stato pubblicato in nessuna posizione sopra i risultati della ricerca organica a causa di un ranking dell'annuncio insufficiente.

Quindi più la % è **alta**, più c'è da comprendere come migliorare il ranking, che ha impedito di posizionarsi in una parte più visibile dello schermo. Potrebbe essere utile valutare altre metriche che andiamo a vedere tra poco, come "offerta stimata per la parte superiore della pagina" scendendo a livello metriche delle parole chiave.

7.2.4 La "quota impressioni sulla rete di ricerca"

La "quota impressioni sulla rete di ricerca" indica le impressioni ricevute sulla rete di ricerca divise per il numero stimato di impressioni che avresti potuto ricevere.

Tradotto in parole semplici significa: "rispetto la totalità di possibili impressioni che avresti potuto ricevere, ne hai approfittato solo per quella % indicata." 25% corrisponderà ad 1 su 4 volte, 50% ad 1 su 2, il 10% vuol dire che 1 volta su 10 hai partecipato, le altre 9 qualcun'altro ha preso il tuo posto. Inferiore a 10% vuol dire che non stai partecipando abbastanza e c'è più di qualcosa a cui dovresti porre attenzione.

Quindi più la % è **alta**, più le tue impostazioni stanno avendo un impatto positivo; più è bassa e più si dovrebbe verificare quale impostazione sta impattando questa percentuale in modo negativo. Potrebbe essere il ranking degli annunci, il cpc che si è impostato, la quantità di parole chiave all'interno del gruppo di annunci, alcune parole chiave specifiche che impattano particolarmente ecc..

7.2.5 La "quota impressioni superiore sulla rete di ricerca"

La "quota impressioni superiore sulla rete di ricerca" indica il numero di impressioni ricevute nella posizione superiore all'interno della pagina dei risultati di ricerca diviso per il numero stimato di impressioni che avresti potuto ricevere nella posizione superiore.

Anche qui la logica è la stessa della precedente, solo che restringe la visuale sulla parte superiore, più visibile, tra le migliori delle posizioni disponibili. Si vuole essere in questa parte dello schermo il 100% delle volte.

Ottimizzare e migliorare le metriche di quota impressioni comporta uno studio incrociato di dati che va adattato caso per caso.

7.3 Metriche LIVELLO Parole Chiave

Oltre ad avere la stessa possibilità di verificare le metriche concorrenza viste prima, per ogni singola parola chiave, si possono aggiungere altre metriche. Tra le metriche più importanti che posso consigliare di prendere in considerazioni per iniziare ad avere un quadro orientativo da dove far partire lo studio delle modifiche da fare a livello di parole chiave (dove possibile aggiungerle anche nelle colonne del gruppo di annunci per fare delle considerazioni logiche con una visione più ampia), ci sono due tipologie di colonne:

Colonne per dati relativi alle Conversioni

- Conversioni
- Costo/conversione
- Tasso conversione
- Valore Conv

Colonne per dati relativi agli Attributi

- Offerta Stimata per la prima pagina
- Offerta Stimata prima posizione
- Offerta stimata per la parte superiore della pagina

Come per le metriche del gruppo di annunci, vediamole singolarmente, partendo dalla definizione canonica offerta dal sistema Google Ads e con l'aggiunta della lettura da dare se la percentuale è alta o bassa.

7.3.1 Colonne per dati relativi alle Conversioni

Vediamo le metriche che troviamo nella sezione di Colonne nella sottosezione Conversioni.

7.3.1.1 La metrica "Conversioni"

La metrica "Conversioni" mostra il numero di conversioni ricevute dopo le interazioni con gli annunci (ad esempio, i clic sugli annunci di testo o le visualizzazioni degli annunci video). Le impostazioni di conversione "Includi in 'Conversioni'" e "Conteggio" influiscono sul numero qui visualizzato.

Questa metrica potrebbe essere utile per verificare quale parola chiave (ma anche gruppo di annunci, ma anche quale campagna) sta producendo conversioni e in che quantità. Esiste un'altra icona, vicino a quella di Colonne, che si chiama "segmenti"; con quella colonna si può vedere quali tipi di conversioni sono contenute nel numero che si legge (si segmentano i dati).

Ricapitolando, la metrica "conversioni" indica solo la quantità di tutte le conversioni.

Bisogna capire da altre metriche se quel numero è da intendersi come positivo o negativo o nella media.

7.3.2 La metrica "Costo/conversione"

La metrica "Costo/conversione", anche denominato "CPA", indica il costo medio di una conversione. Viene calcolato dividendo il costo per il numero di conversioni (ricorda sempre di segmentare le conversioni per vedere più nello specifico quale conversione è stata effettuata e a quale costo).

Questa metrica potrebbe essere utile per capire la quantità di soldi che si stanno spendendo per ottenere conversioni. Un Costo/conversione di 40€, vuol dire che prima di ottenere una conversione si è speso 40€. Nel caso la conversione fosse un viaggio alle Bahamas da 3000€, sarebbe molto buono. Nel caso si stesse vendendo qualcosa con un costo inferiore a 40€, chiaramente si starebbe spendendo di più di quello che si vende.

Con questa metrica si può capire se qualcosa converte e se il prezzo che si paga per la conversione è in linea o eccessivo. Avere 0€ di costo per conversione, ma avere un costo della campagna di 150€, significa che la prima conversione che si otterrà sarà costata almeno 150€.

In linea generale bisognerebbe fare considerazioni prendendo sempre un arco temporale valido, considerando le stagionalità (3-6 mesi), rivedendo il modello di attribuzione che si sta utilizzando per quella conversione, considerare da quanto tempo la campagna è attiva, budget, frequenza d'impressioni, corrispondenza della parola chiave ecc...

7.3.3 La metrica "Tasso conversione"

La metrica "Tasso conversione" indica la frequenza media con cui un'interazione con un annuncio genera una conversione. Viene calcolato dividendo il numero di conversioni per le interazioni con l'annuncio.

Più la % è **alta**, più la parola chiave (o il relativo livello di analisi preso in esame) sta producendo interazioni di qualità che portano a convertire. Nella lista di parole chiave si potrebbe iniziare a ragionare per "media tasso di conversione delle parole chiave" e verificare chi ha un tasso di conversione più basso della media per decidere se spegnere, mantenere o separare: considerare i costi che la parola chiave sta producendo, la frequenza con la quale viene cliccata rispetto alle restanti e le percentuali d'impressioni viste prima, e se c'è un valore associato alla conversione, prendere in esame anche quel parametro.

CTR	Clic	Impr.	% impr. (superiore)	CPC medio	Offerta stimata per la parte superiore della pagina	Offerta stim. prima pos.	Valore/conv	↓ Tasso conv.	Conversioni	Costo/conv.
33,33%	1	3	100,00%	0,61 €	–	–	72,48	80,00%	0,80	0,76 €
20,00%	1	5	80,00%	0,39 €	–	–	35,87	50,00%	0,50	0,78 €
50,00%	2	4	100,00%	0,29 €	–	–	44,88	50,00%	1,00	0,58 €
23,68%	18	76	94,44%	0,63 €	–	–	58,62	11,11%	2,00	5,68 €
31,16%	43	138	97,00%	0,36 €	–	–	61,42	9,30%	4,00	3,82 €

(Figura 7.3)

Nelle ultime 4 colonne dell'immagine 7.3, si vedono le colonne relative alle conversioni appena evidenziate. L'esempio è perfetto perché espone la difficoltà interpretativa. Non solo il tasso di conversione varia con le impressioni, ma avere più conversioni non sempre significa essere più profittevole, poiché sulla carta la riga numero tre (partendo dall'alto) ha un Roas maggiore della riga numero cinque, dove il rapporto tra CPA e valore della conversione (vediamo nel prossimo paragrafo) è enormemente a favore della riga numero tre.

Ma cosa succede alla parola chiave della riga numero tre se la mettiamo in condizioni di avere le stesse possibilità d'impressioni della parola chiave alla riga numero cinque? Potrebbe avere le stesse impressioni? Potrebbe mantenere lo stesso tasso di conversione? Il volume di ricerca è sufficiente? Quanto budget dedicare?

Per prendere una decisione su come operare su queste parole chiave, bisognerebbe tenere a mente il periodo temporale, il budget, la strategia che si sta usando, il tipo di corrispondenza delle parole chiave, scendere nell'analisi della geografia dalla quale provengono le conversioni, quale sesso, quale età, da quale dispositivo, la quantità d'impressioni e tutte le dinamiche viste fin ora. La decisione non è istantanea e va studiata.

Quando l'analisi è terminata (e questo concetto vale per tutti i tipi di analisi e decisioni che si prendono in Google Ads), si dovrebbero valutare i cambi da fare impostandoli prima in forma di test creando una campagna esperimento e poi decidere, in base al risultato, se procedere con i cambi oppure no.

7.3.4 La metrica "Valore Conv"

La metrica "<u>Valore Conv</u>" è la somma dei valori delle conversioni. Questa metrica è utile solo se è inserito un valore per le azioni di conversione.

La percentuale di conversione è un indicatore della forza della parola chiave (o il relativo livello di analisi preso in esame), ma anche quanto valore viene prodotto è un dato da tenere sotto controllo.

Se abbiamo una parola che converte poco ma, quando converte, ha un valore alto rispetto alla media delle altre conversioni, potrebbe avere senso tenerla o darle un budget più ampio da spendere, inserendola in una strategia diversa. Al contrario, se abbiamo una parola chiave che converte con Roas negativo, probabilmente valutare la sua rimozione o riposizionamento in altro gruppo di annunci o altra campagna con altre impostazioni, potrebbe avere senso.

7.4 Colonne per dati relativi agli Attributi

Vediamo le metriche che troviamo nella sezione di Colonne nella sottosezione Attributi.

7.4.1 La metrica "Offerta Stimata per la prima pagina"

La metrica "Offerta Stimata per la prima pagina" indica l'importo dell'offerta che potrebbe essere necessario per pubblicare il tuo annuncio sulla prima pagina dei risultati di ricerca di Google.

Questa metrica potrebbe essere utile per regolarsi quando si sta utilizzando una strategia manuale o semi automatica. Una indicazione quasi fedele della realtà, dove disponibile. Se non si supera quella cifra potrebbe succedere che non si riesca a finire neanche in prima pagina. Valutare di conseguenza come comportarsi, se alzare il cpc o diminuirlo.

7.4.2 La metrica "Offerta stimata per la prima posizione"

La metrica "Offerta stimata per la prima posizione" indica l'importo dell'offerta che potrebbe essere necessario per pubblicare il tuo annuncio nella prima posizione nella parte superiore della prima pagina dei risultati di ricerca di Google.

Questa metrica potrebbe essere utile per regolarsi quando si sta utilizzando una strategia manuale o semi automatica. Una indicazione quasi fedele della realtà, dove disponibile.

Ma andrebbe interpretata come segue: se volessi avere la più alta probabilità di essere in prima posizione, dovrei puntare un costo per click del valore minimo di quel dato che leggo in quella colonna.

Non dovrebbe essere una metrica dalla quale prendere la info e utilizzarla alla lettera. Si può avere un posizionamento in prima posizione con valori ampiamente più bassi, con una % d'impressioni assolute in prima posizione superiori al 10%. Ma vale anche il contrario, ovvero che, nonostante si punti anche più del valore suggerito, la garanzia di essere in prima posizione non c'è mai.

7.4.3 La metrica "Offerta stimata per la parte superiore della pagina"

La metrica "Offerta stimata per la parte superiore della pagina" mostra la stima dell'offerta necessaria per ottenere il maggior numero possibile d'impressioni nella parte superiore della prima pagina dei risultati di ricerca di Google. Se le tue offerte sono già sufficientemente elevate, questo importo minimo potrebbe essere inferiore all'offerta che stai utilizzando correntemente.

Questa metrica potrebbe essere utile per regolarsi quando si sta utilizzando una strategia manuale o semi automatica. Una indicazione quasi fedele della realtà, dove disponibile. Questa metrica, a mio avviso, ha forse più senso della precedente, spesso è più "umana" in termini di costi e realmente applicabile nella maggioranza dei casi.

7.5 Le Metriche che sono solo a livello di Campagna

A livello di Campagna posizionandoci su "tutte le campagne" e poi nella sezione Campagne, possiamo accedere alla sezione colonne e selezionare metriche concorrenza, che già conosciamo.

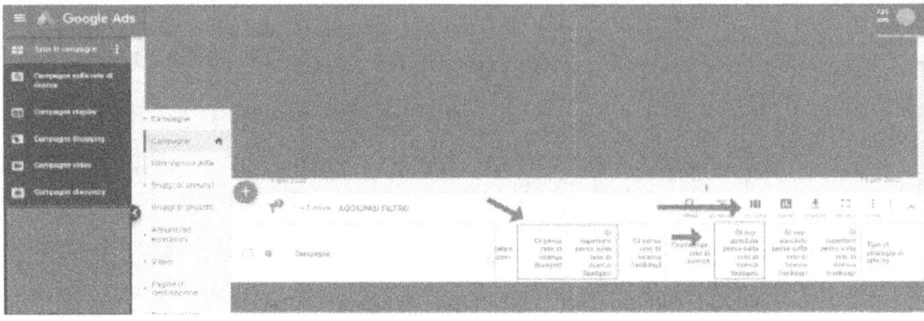

(Figura 7.4)

Queste metriche che suggerirei di tenere d'occhio, sono un indicatore reale della % di budget che è mancato alla campagna, rispetto alla quantità di volte che sarebbe potuto apparire. Queste tre metriche sono disponibili solo a livello di campagna e non si trovano in nessun altro livello e, sebbene qui prendiamo in considerazione la rete di ricerca, il concetto della metrica si estende, dove presente, anche alla rete display.

- Quota impressioni persa sulla rete di ricerca (budget)
- Quota impressioni superiore persa sulla rete di ricerca (budget)

- <u>Quota superiore assoluta persa sulla rete di ricerca (budget)</u>

7.5.1 La metrica "Quota impressioni persa sulla rete di ricerca (budget)"

La metrica "<u>Quota impressioni persa sulla rete di ricerca (budget)</u>" indica una stima della frequenza con cui il tuo annuncio non è stato pubblicato sulla rete di ricerca a causa di budget insufficiente. Più la % è **alta,** più bisognerebbe apportare qualche correzione.

La traduzione in parole semplici è: se avessi avuto più budget la % poteva essere più bassa.

Quando il budget dell'account può essere aumentato e abbiamo una % di questa metrica che non ci soddisfa, potremmo valutare di aumentarlo per guadagnare qualche punto percentuale in più, che inciderà sulle impressioni, che incideranno sui clic, che incideranno sul traffico e quindi sulle conversioni.

Quando il budget del progetto non lo permette possiamo guardare la % e cercare di bilanciare il budget tra le campagne che sono attive, cercando di dare equilibrio e distribuendo il budget in modo intelligente e calibrato. Come?

Le considerazioni di partenza per ragionare sono molte. Gli approcci possono essere molteplici.
Dal mio punto di vista bisognerebbe partire dall'analisi dei gruppi di annunci e verificare l'ottimizzazione degli stessi. Verificare cosa può essere affinato, cosa sta spendendo "male", se converte, quanto converte, sia in valore che in quantità e costo per conversione.

Una volta affinati, ripuliti, ottimizzati i gruppi di annunci, si può passare a verificare i budget delle altre campagne (oppure, se non ci sono altre campagne, l'analisi termina), se ne hanno a sufficienza, troppo o anche loro sono limitate. La logica di base è ottimizzare i gruppi di annunci, poi passare alla verifica delle altre campagne e, dove sembrerebbe logico, muovere del budget da una campagna a un'altra, oppure, in ultima analisi, considerare l'utilizzo di un budget condiviso. Ogni account avrà la sua storia e la sua analisi. Non c'è una soluzione che vale sempre.

Questo è il consiglio base, veloce, da cui partire per orientare la decisione. Poi potreste addentrarvi nello studio del potenziale traffico che si potrebbe ottenere o perdere facendo questo cambio e quali benefici/danni ne potrebbero conseguire, tenendo a mente tutti gli algoritmi e il loro funzionamento. Maneggiare con cura!

7.5.2 La metrica "Quota impressioni superiore persa sulla rete di ricerca (budget)"

La metrica "Quota impressioni superiore persa sulla rete di ricerca (budget)" rappresenta una stima della frequenza con cui il tuo annuncio non è stato pubblicato sopra i risultati della rete di ricerca a causa di budget insufficiente.

Equivalente alla precedente, ma si riferisce solo alle aste che riguardano la parte superiore della rete di ricerca. Vale lo stesso ragionamento di prima, ma più specifico.

7.5.3 La metrica "Quota superiore assoluta persa sulla rete di ricerca (budget)"

La metrica "Quota superiore assoluta persa sulla rete di ricerca (budget)" rappresenta una stima della frequenza con cui il tuo annuncio non è stato pubblicato in prima posizione sopra i risultati della rete di ricerca a causa di budget insufficiente.

Equivalente alla precedente, ma si riferisce solo alle aste che riguardano la prima posizione della rete di ricerca. Vale lo stesso ragionamento di prima, ma più nel dettaglio della prima posizione.

Capitolo 8

Il campo di battaglia tra inserzionisti

Un'altra e importantissima zona dell'account da visionare per avere un'idea di come si sta performando rispetto gli altri inserzionisti e scoprire anche i loro nomi, è una sottosezione che si trova all'interno di Parole Chiave, denominata "Informazioni Aste".

Dominio dell'URL di visualizzazione	Quota impressioni	Percentuale di sovrapposizione	Tasso di posizionamento superiore	Tasso parte superiore della pagina	Tasso ass. parte superiore della pagina	Quota superamento target
Tu	50,60%	–	–	94,69%	30,89%	–
	24,07%	30,92%	70,43%	90,47%	48,67%	39,59%
	12,12%	20,59%	24,00%	90,14%	10,67%	48,10%
	32,53%	44,23%	59,47%	88,25%	36,48%	37,29%
	14,27%	21,80%	58,06%	87,15%	29,21%	44,20%
	10,41%	13,29%	55,58%	86,52%	32,84%	46,67%
	11,35%	16,42%	40,47%	85,43%	17,63%	47,24%
	< 10%	9,14%	45,95%	85,02%	18,28%	48,48%

(Figura 8.1)

Questa bellissima sezione in figura 8.1, può essere la cartina tornasole dei nostri sforzi (<u>vorrei sottolineare che non si può in nessun modo comprendere quanto sta spendendo un competitor</u>).

Quando si entra in questa sezione le metriche sono tutte presenti di default. Se volete giocare con queste metriche potete segmentarle per dispositivo o per ora (inteso come arco temporale).

Le colonne sono sei, togliendo la prima che elenca i siti internet che si intersecano nelle aste:

- <u>Quota impressioni</u>
- <u>Percentuale di sovrapposizione</u>
- <u>Tasso di posizionamento superiore</u>
- <u>Tasso parte superiore della pagina</u>
- <u>tasso impressioni superiore assoluto della rete di ricerca</u>
- <u>Quota superamento</u>

Vediamole singolarmente, partendo dalla definizione canonica offerta dal sistema Google Ads e con l'aggiunta della lettura da dare se la percentuale è alta o bassa.

8.1 La metrica "quota impressioni"

La metrica "quota impressioni" indica il numero di impressioni ricevute diviso per il numero stimato di impressioni che l'annuncio era idoneo a ricevere.

Questa metrica è la stessa che abbiamo già incontrato in precedenza e significa, per dire in un altro modo quanto già detto: "quante impressioni hai ricevuto rispetto le aste a cui hai partecipato superando la soglia di ranking richiesta dal sistema Google Ads"

Questa metrica è importante da guardare per avere un colpo d'occhio su quanto sono buone le impostazioni dei competitor con i quali si è in competizione nel gruppo di annunci in questione.

Più la % dei competitor è alta più la qualità delle impostazioni delle loro ads è buona rispetto ai termini sui quali si è in competizione.

8.2 La metrica "percentuale di sovrapposizione"

La metrica "percentuale di sovrapposizione" indica la frequenza con la quale l'annuncio di un altro inserzionista ha generato un'impressione contestualmente al tuo.

Questa metrica indica la percentuale di volte che nello stesso momento sia noi che il nostro competitor siamo presenti, contemporaneamente, sullo schermo del potenziale cliente.

Più la % è alta, maggiore è la pericolosità del nostro competitor nel prendere il clic del potenziale cliente al posto nostro.

8.3 La metrica "tasso di posizionamento superiore"

La metrica "tasso di posizionamento superiore" indica con quale frequenza l'annuncio di un altro inserzionista che partecipa alla stessa asta ha ottenuto una posizione migliore del nostro annuncio, nei casi in cui entrambi gli annunci sono stati pubblicati contemporaneamente.

Questa metrica indica quante volte il nostro competitor è migliore nelle sue impostazioni rispetto alle nostre, riuscendo ad ottenere un ranking più alto di noi.

Più la % è alta più dobbiamo capire se bisogna migliorare, in cosa bisogna migliorare e di quanto bisogna migliorare, perché il nostro competitor si sta piazzando spesso sopra il nostro annuncio, prendendo probabilmente più clic e ciò che ne consegue.

Dico "se bisogna migliorare" perché bisogna tenere in conto anche la "quota impressioni" del nostro competitor e la sua "percentuale di sovrapposizione". Se ha una quota impressioni bassa, forse le sue Ads partecipano raramente. Bisogna leggere questi dati con la metrica successiva "tasso parte superiore della pagina" per capire la loro forza competitiva.

8.4 La metrica "tasso parte superiore della pagina"

La metrica "tasso parte superiore della pagina" indica con quale frequenza il tuo annuncio (o l'annuncio di un altro inserzionista in base alla riga visualizzata) è stato pubblicato nella parte superiore della pagina dei risultati di ricerca.

Questa metrica indica quanto le Ads sono buone. Più la % è alta più le Ads hanno partecipato e vinto aste nei ranking per la parte superiore della pagina. Se noi siamo bassi e gli altri alti, c'è un problema.

8.5 La metrica "tasso impressioni superiore assoluto della rete di ricerca"

La metrica "tasso impressioni superiore assoluto della rete di ricerca" è la percentuale di impressioni pubblicate come primo annuncio sopra i risultati di ricerca organici.

Utilizzare questa metrica per verificare se le variazioni nel rendimento sono dovute a modifiche alla posizione del tuo annuncio.

Abbiamo già incontrato questa metrica. Non è un indicatore del successo delle conversioni, ma essere primi tante volte può avere i suoi vantaggi. Va da sé che più la % è alta, meglio si è posizionati rispetto ai competitor.

8.6 La metrica "quota superamento target"

La metrica "quota superamento target" indica con quale frequenza il tuo annuncio ha ottenuto un ranking migliore nell'asta rispetto all'annuncio di un altro inserzionista o se il tuo annuncio è stato pubblicato contrariamente a quello di un altro inserzionista.

Tecnicamente indica la % delle volte che il nostro annuncio ha avuto un ranking più alto del nostro competitor. Dipendendo dalla quantità di competitor e dalle impostazioni delle campagne, questo dato può essere interpretato come neutro o negativo (ovviamente ricordate di tenere in considerazione la quantità di parole chiave, la corrispondenza delle parole chiave e quindi i termini di ricerca che potrebbero far partire la competizione, la strategia di offerta che viene utilizzata ecc..ecc..).

Immaginiamo di avere solo 3 competitor con cui andiamo in competizione tutto il giorno con la % della metrica bassa: può voler dire che i nostri competitor sono sistematicamente più forti di noi nell'ottenere un ranking più alto.

Se si hanno, invece, decine e decine di competitor, questa metrica può essere confrontata con il **"tasso impressioni superiore assoluto della rete di ricerca" e la "quota impressioni"**. Se si ha una percentuale bassa di quota superamento target e un tasso impressioni superiore assoluto della rete di ricerca alto, si potrebbe interpretare come un dato neutro: "quando è capitato di incontrarsi in un'asta, il competitor ha avuto un punteggio superiore al nostro (che non significa automaticamente è stato pubblicato, ma solo che in graduatoria era più alto, in quella precisa occasione), ma quando noi abbiamo una impressione, siamo in prima posizione assoluta il X% delle volte.

Capitolo 9

L'ultimo capitolo

Siamo arrivati al punto dove il libro si interrompe. Vi ringrazio per avermi seguito fino a questo punto e spero che le nozioni che ho trattato siano state abbastanza chiare da aprirvi la mente al punto che la bellezza dell'utilizzo di Google Ads e delle sue possibilità vi tenga impegnata la fantasia in qualche modo.

Prima di concludere volevo indicarvi la zona dove avvengono le magie dell'utilizzo di Google Ads in modalità Esperto. Come in ogni cosa che è scritta in questo libro, dipendendo dalla configurazione che vi trovate davanti, la zona esatta di dove si trova quello che cercate può cambiare, ma una volta trovato, le funzioni logiche non cambiano.

PIANIFICAZIONE	LIBRERIA CONDIVISA	AZIONI COLLETTIVE	MISURAZIONE	IMPOSTAZIONE	FATTURAZIONE
Pianificazione del rendimento	Gestione segmenti di pubblico	Tutte le azioni collettive	Conversioni	Mappa account	Configurazioni di fatturazione
Strumento di pianificazione delle parole chiave	Strategie di offerta	Regole	Google Analytics	Accesso e sicurezza	Profili pagamenti
Strumento di pianificazione della copertura	Elenchi di parole chiave escluse	Script	Attribuzione	Account collegati	Fatture
	Elenchi di posizionamenti esclusi	Caricamenti		Preferenze	Budget dell'account
Hub pubblicitario per app				Centro API	Promozioni
				Google Merchant Center	Verifica dell'identità

(Figura 9.1)

Questa immagine è uno dei tanti layout che si aprono dopo aver cliccato sulla chiave Inglese, posizionata normalmente nella parte alta dello schermo.

Nelle prime cinque colonne si entra nella pianificazione e strategia avanzata del sistema di Google Ads.

Queste colonne hanno necessità di un altro libro praticamente. Le indico perché bisogna sapere che esistono, dovete sapere a cosa servono e nessuno vi impedisce di approfondire in modo autonomo questi strumenti. Sappiate che alcune sotto categorie si usano spesso, altre meno.

Le cinque colonne di cui vado a elencare velocemente gli utilizzi sono:

- Pianificazione
- Libreria condivisa
- Azioni collettive
- Misurazione
- Impostazioni

9.1 Pianificazione

Pianificazione contiene cinque sotto categorie che possono essere utilizzate per creare, pianificare, prevedere e diagnosticare in maniera non troppo accurata quello che potrebbe succedere se facessimo questa o quella modifica a quella campagna oppure come si sta comportando un determinato annuncio.

Utilissimo, per la comprensione dei volumi di ricerca e la creazione orientativa di gruppi di annunci specifici con parole chiave ad hoc, è lo **Strumento di pianificazione delle Parole Chiave**. Abbastanza intuitivo quando ci siete dentro. Indispensabile per dare un'idea del range di costi minimi e massimi per clic, idee per le parole chiave da utilizzare, volume di ricerca e altri dettagli. Esplorate lo strumento e utilizzatelo spesso, almeno una volta al mese per account, per comprendere cosa sta cambiando nel comportamento di ricerca online, nuovi trend di ricerca e ovviamente costi.

9.2 Libreria Condivisa

Libreria Condivisa contiene sei sotto categorie che rientrano concettualmente in una zona di condivisione d'informazioni e dati applicabili a tutte le campagne. In **Gestione segmenti di Pubblico** ci sono e si creano le liste di Remarketing normale e Dinamico (per il settore Vendita al Dettaglio).

Un'altra sezione interessante è quella di **Strategie di offerta:** potete gestire l'andamento delle campagne, durate eventi stagionali come il Black Friday e altre particolarità, evitando che l'algoritmo si inquini con dati non lineari.

In **Elenchi di Parole Chiave Escluse** potete modificare, rimuovere o applicare elenchi di parole chiave che escludete direttamente nelle liste che create in questa sezione.

In **budget condiviso** potete scegliere quali campagne raggruppare in un unico budget.

Gruppo di Località è una raccolta riutilizzabile di sedi fisiche dell'attività commerciale.

Elenchi di posizionamento Esclusi è concettualmente simile agli Elenchi di Parole Chiave Escluse, solo che la logica si orienta sui posizionamenti specifici nel web.

9.3 Azioni Collettive

Azioni Collettive dovrebbe avere un libro dedicato per la sua complessità. Riducendo all'osso, qui dentro potete impostare tutti gli automatismi possibili immaginabili. Vi serve che una campagna alzi il budget durante il weekend e non lo volete fare manualmente? La sotto categoria **Regole** è dedicata a tutte queste impostazioni.

Volete utilizzare una regola più estesa e complessa che necessita uno script quando una o più condizioni si verificano e applicare una esclusione, inclusione, uno stop, una qualsiasi modifica possibile su uno dei dettagli del sistema Google Ads? La sotto categoria **Script** è dedicata a queste impostazioni.

Potreste partire da questo link per "provare con mano": https://developers.google.com/google-ads/scripts/docs/examples

Avete sviluppato un foglio Excel per fare modifiche massive a campagne esistenti o crearne di nuove? La sotto categoria **Caricamenti** è dedicata ad accogliere diverse classi di file.

9.4 Misurazione

Misurazione è la zona dove si creano e modificano le impostazioni delle Conversioni di Google Ads, si accede velocemente a Google Analytics e si possono esplorare i vari modelli di attribuzione, confrontarli tra loro, verificare i percorsi di conversione significativi tra le varie campagne e altri dettagli.

9.5 Impostazioni

Impostazioni è la zona delle impostazioni dell'account. La zona legata di più alle performance delle campagne è **Account Collegati**, per collegare altri software alla piattaforma Google Ads, in modo da importare dati da una piattaforma a un'altra.

In **Dati Aziendali,** al momento in cui scrivo, si impostano i feed per il Remarketing Dinamico di tutte le attività che non sono un e-commerce di vendita al dettaglio.

Extra

Sempre in alto, normalmente vicino all'icona della chiave Inglese, c'è un'icona denominata **Report**.

Tra tutti quelli che sono disponibili, ce ne è uno in particolare, estremamente utile per comprendere le statistiche delle chiamate quando il tracciamento dell'estensione chiamata è attivo: **Report dettagli chiamate** (percorso: **Report predefiniti>Estensioni>Dettagli chiamate**).

Penso che ci possiamo fermare qui, per ora.

Buon divertimento!

Link utili in ordine di apparizione

1. Impressione: https://support.google.com/google-ads/answer/6320
2. Asta: https://support.google.com/google-ads/answer/142918
3. Punteggio di Qualità: https://support.google.com/google-ads/answer/6167118
4. Soglia Ranking: https://support.google.com/google-ads/answer/7634668
5. Ranking: https://support.google.com/google-ads/answer/1752122
6. CPC (costo per clic): https://support.google.com/google-ads/answer/116495
7. Costo per clic effettivo: https://support.google.com/google-ads/answer/6297

8. Formato Annuncio:
    https://support.google.com/google-ads/answer/1722124?hl=it
9. CTR: https://support.google.com/google-ads/answer/2615875
10. Esperienza del Potenziale Cliente sul nostro sito internet:
    https://support.google.com/google-ads/answer/14086
11. Pertinenza:
    https://support.google.com/google-ads/answer/6167118
12. Frequenza di Rimbalzo:
    https://support.google.com/google-ads/answer/6332958
13. Rete di Ricerca:
    https://support.google.com/google-ads/answer/1722047
14. Rete Display:
    https://support.google.com/google-ads/answer/117120
15. Reti: https://support.google.com/google-ads/answer/1752334
16. Termine di Ricerca:
    https://support.google.com/google-ads/answer/2472708

17. Parola Chiave:
    https://support.google.com/google-
    ads/answer/6323

18. Corrispondenza della Parola Chiave:
    https://support.google.com/google-
    ads/answer/7478529

19. Generica:
    https://support.google.com/google-
    ads/answer/7478529

20. A Frase: https://support.google.com/google-
    ads/answer/7478529

21. Esatta: https://support.google.com/google-
    ads/answer/7478529

22. Parole Chiave negative:
    https://support.google.com/google-
    ads/answer/2453972

23. Segmento di Pubblico:
    https://support.google.com/google-
    ads/answer/7558048

24. Segmenti di Pubblico:
    https://support.google.com/google-
    ads/answer/2497941

25. Affinità: https://support.google.com/google-
    ads/answer/2497941

26. Dati Demografici Dettagliati:
    https://support.google.com/google-
    ads/answer/2497941

27. In-Market & Eventi Importanti della Vita: https://support.google.com/google-ads/answer/2497941

28. I Tuoi Segmenti di Dati: https://support.google.com/google-ads/answer/2497941

29. Remarketing: https://support.google.com/google-ads/answer/1752338

30. Simili: https://support.google.com/google-ads/answer/2676774

31. Segmenti Personalizzati: https://support.google.com/google-ads/answer/9805516

32. Segmenti Combinati: https://support.google.com/google-ads/answer/9066029

33. Targeting Contestuale: https://support.google.com/google-ads/answer/2404186

34. Parola Chiave (display: https://support.google.com/google-ads/answer/2453986

35. Argomenti: https://support.google.com/google-ads/answer/2497832

36. Posizionamenti:
https://support.google.com/google-ads/answer/2470108

37. Campagna:
https://support.google.com/google-ads/answer/6324971

38. Lingue: https://support.google.com/google-ads/answer/1722078

39. Località:
https://support.google.com/google-ads/answer/1722043

40. Obiettivo di Marketing:
https://support.google.com/google-ads/answer/7450050

41. Data di Inizio e Fine:
https://support.google.com/google-ads/answer/2404203

42. Budget: https://support.google.com/google-ads/answer/10486536

43. Azione di Conversione della Campagna:
https://support.google.com/google-ads/answer/10995103

44. Strategia di Offerta:
https://support.google.com/google-ads/answer/6167148

45. Campagna Display Intelligente:
https://support.google.com/google-ads/answer/7020281

46. Budget Giornaliero:
https://support.google.com/google-ads/answer/6385083

47. Seguendo la regola Matematica del calcolo Budget Mensile:
https://support.google.com/google-ads/answer/1704443

48. Budget Totale:
https://support.google.com/google-ads/answer/10486938

49. Budget Condiviso:
https://support.google.com/google-ads/answer/10487241?

50. Roas: https://support.google.com/google-ads/answer/6268637

51. Mancanza di Sufficiente Budget:
https://support.google.com/google-ads/answer/2616012

52. Modello di Attribuzione Basato sui Dati:
https://support.google.com/google-ads/answer/7002714

53. Sovrapubblicazione:
https://support.google.com/google-ads/answer/1704443

54. Conversioni: https://support.google.com/google-ads/answer/1722054

55. Gruppo di Annunci: https://support.google.com/google-ads/answer/6298

56. Aggiustamento delle Offerte: https://support.google.com/google-ads/answer/2732132

57. Annunci & Estensioni: https://support.google.com/google-ads/answer/6238826

58. Sitelink: https://support.google.com/google-ads/answer/2375416

59. Chiamata (chiamate dagli annunci): https://support.google.com/google-ads/answer/2453991

60. Snippet: https://support.google.com/google-ads/answer/6280012

61. Callout: https://support.google.com/google-ads/answer/6079510

62. Località: https://support.google.com/google-ads/answer/2404182

63. Google My Business: https://support.google.com/google-ads/answer/2382892

64. Immagine:
https://support.google.com/google-ads/answer/9566341
65. App: https://support.google.com/google-ads/answer/2402582
66. Modulo per Lead:
https://support.google.com/google-ads/answer/10089406
67. Prezzo: https://support.google.com/google-ads/answer/7065415
68. Tasso di Conversione:
https://support.google.com/google-ads/answer/2684489
69. Chiamate da sito web:
https://support.google.com/google-ads/answer/6095883
70. Conversioni Off-line:
https://support.google.com/google-ads/answer/6365
71. Google Tag Manager:
https://support.google.com/google-ads/answer/6095821
72. Google Analytics:
https://support.google.com/analytics/answer/6367342?hl=it&ref_topic=10388829#zippy=%2Ccontenuti-di-questo-articolo

73. Finestra di Conversione View-Through:
https://support.google.com/google-ads/answer/7320922

74. Finestra di conversione di tipo visualizzazione "engaged":
https://support.google.com/google-ads/answer/9829854

75. Conteggio:
https://support.google.com/google-ads/answer/3438531

76. Valore: https://support.google.com/google-ads/answer/3419241

77. Finestra di Conversione Click-Through:
https://support.google.com/google-ads/answer/6095821

78. Modello di Attribuzione:
https://support.google.com/google-ads/answer/7002714

79. Finestra conversioni view-through:
https://support.google.com/google-ads/answer/7320922

80. In-steam Ingorabile:
https://support.google.com/google-ads/answer/2375464

81. Includi in Conversioni:
https://support.google.com/google-ads/answer/4677036

82. Ultimo Clic:
https://support.google.com/google-ads/answer/7003286

83. Primo Clic:
https://support.google.com/google-ads/answer/6259715

84. Lineare: https://support.google.com/google-ads/answer/6259715

85. Decadimento Temporale:
https://support.google.com/google-ads/answer/6259715

86. In Base alla Posizione:
https://support.google.com/google-ads/answer/6259715

87. Basata sui Dati:
https://support.google.com/google-ads/answer/6394265

88. Massimizza i Clic:
https://support.google.com/google-ads/answer/6268626

89. Cpc Manuale:
https://support.google.com/google-ads/answer/2464960

90. Cpc Ottimizzato:
https://support.google.com/google-ads/answer/2464964

91. Massimizza le Conversioni:
https://support.google.com/google-ads/answer/7381968

92. Target CPA/CPI:
https://support.google.com/google-ads/answer/6268632

93. Target Roas – Massimizza il Valore di Conversione:
https://support.google.com/google-ads/answer/7684216

94. vCPM: https://support.google.com/google-ads/answer/3499086

95. tCPM: https://support.google.com/google-ads/answer/9158634

96. CPV: https://support.google.com/google-ads/answer/2472735

97. Quota Impressioni:
https://support.google.com/google-ads/answer/9121108

98. Machine Learning:
https://support.google.com/google-ads/answer/9297584

99. Conversion Optimizer Prediction Model:
https://support.google.com/google-ads/answer/10970825

100.	Le Tipologie di Campagna:
https://support.google.com/google-ads/answer/2567043

101.	La Campagna:
https://support.google.com/google-ads/answer/2567043

102.	Campagna Di Ricerca:
https://support.google.com/google-ads/answer/9510373

103.	Campagna Locale:
https://support.google.com/google-ads/answer/9118358

104.	Campagna Shopping:
https://support.google.com/google-ads/answer/3455481

105.	Campagna Display:
https://support.google.com/google-ads/answer/7020291

106.	Campagna Video:
https://support.google.com/google-ads/answer/2375497

107.	Campagna Discovery:
https://support.google.com/google-ads/answer/9176942

108.	Campagna App:
https://support.google.com/google-ads/answer/9302396

109. Campagna Performance Max:
https://support.google.com/google-ads/answer/10724817

110. Campagna Esperimento:
https://support.google.com/searchads/answer/7518994

111. Campagna di Ricerca Versione Dinamica:
https://support.google.com/google-ads/answer/2471185

112. Keyword Planner:
https://support.google.com/google-ads/answer/7337243

113. Merchant Center:
https://support.google.com/google-ads/answer/188924

114. Feed:
https://support.google.com/google-ads/answer/6077139

115. Pratiche migliori su come ottimizzare il feed dei prodotti del Merchant Center:
https://support.google.com/merchants/answer/188489

116. Campagna Shopping Manuale:
https://support.google.com/google-ads/answer/6167176

117.	Campagna Shopping Intelligente: https://support.google.com/google-ads/answer/9784109

118.	Priorità di Asta: https://support.google.com/google-ads/answer/6275296

119.	Remarketing Dinamico: https://support.google.com/google-ads/answer/3124536

120.	Campagna Display Manuale: https://support.google.com/google-ads/answer/10759203

121.	Targeting e Osservazione: https://support.google.com/google-ads/answer/7365594

122.	Home Page di Youtube: https://support.google.com/youtube/answer/6342839

123.	Che Cosa Guardare Dopo: https://support.google.com/youtube/answer/3002587

124.	Gmail: https://developers.google.com/search/docs/advanced/mobile/google-discover?visit_id=637653353811692885-2851436413&rd=1

125.   Discover:
https://support.google.com/google-ads/answer/7019460

126.   Google Play:
https://support.google.com/google-ads/answer/6068602

127.   Firebase:
https://support.google.com/google-ads/answer/6397604

128.   Quota impressioni persa sulla rete di ricerca (ranking):
https://support.google.com/searchads/answer/4526074

129.   Quota impressioni superiore persa sulla rete di ricerca (ranking):
https://support.google.com/searchads/answer/9330166

130.   Offerta stimata per la parte superiore della pagina :
https://support.google.com/google-ads/answer/6292661

131.   Quota impressioni sulla rete di ricerca:
https://support.google.com/searchads/answer/4526074

132.   Quota impressioni superiore sulla rete di ricerca :

https://support.google.com/searchads/ans
wer/9330258

133.	Ottimizzare e migliorare le metriche di
quota impressioni :
https://support.google.com/google-
ads/answer/7103386

134.	Conversioni:
https://support.google.com/searchads/ans
wer/4624523

135.	Costo/conversioni:
https://support.google.com/searchads/ans
wer/9389044

136.	Tasso Conversione:
https://support.google.com/searchads/ans
wer/7494875

137.	Valore Conv:
https://support.google.com/searchads/ans
wer/4623844

138.	Offerta Stimata per la Prima Pagina:
https://support.google.com/google-
ads/answer/2472742

139.	Offerta Stimata Prima Posizione:
https://support.google.com/google-
ads/answer/6292677

140.	CPA:
https://support.google.com/google-
ads/answer/6396841

141.	Quota impressioni persa sulla rete di ricerca (budget): https://support.google.com/searchads/answer/4526320

142.	Quota impressioni superiore persa sulla rete di ricerca (budget): https://support.google.com/searchads/answer/4526320

143.	Quota superiore assoluta persa sulla rete di ricerca (budget): https://support.google.com/searchads/answer/9329948

144.	Informazioni Aste (e metriche successive): https://support.google.com/google-ads/answer/2579754

145.	Script: https://developers.google.com/google-ads/scripts/docs/examples

9 789635 239153